LA SUSTANCIA DE LA VOZ

Manual práctico de la voz hablada para locutores, oradores y actores de doblaje

© José Antonio Meca
© Ediciones Aljibe, S.L., 2014
   Tlf.: 952 71 43 95
   Fax: 952 71 43 42
   Canteros 3-7 - 29300-Archidona (Málaga)
   e-mail: aljibe@edicionesaljibe.com
   www.edicionesaljibe.com

I.S.B.N.: 978-84-9700-787-0
Depósito legal: MA 46-2014

Maquetación: Antonio J. Sánchez (Equipo de Ediciones Aljibe)

Diseño de cubierta e ilustraciones: Eva Gutiérrez, *Eva Lí*
Ilustración de cubierta: © Dario Lo Presti

Imprime: Podiprint

Cualquier forma de reproducción, distribución, comunicación pública o transformación de esta obra solo puede ser realizada con la autorización de sus titulares, salvo excepción prevista por la ley. Dirijase a CEDRO (Centro Español de Derechos Reprográficos) si necesita fotocopiar o escanear algún fragmento de esta obra (www.conlicencia.com; 91 702 19 70 / 93 272 04 47).

José Antonio Meca

LA SUSTANCIA DE LA VOZ

Manual práctico de voz hablada para locutores, oradores y actores de doblaje

EDICIONES
ALJIBE

A todo lo que olvidé en el camino.
A lo que perdí.

ÍNDICE

11. **Agradecimientos**
13. **Prólogo**
15. **Introducción**
17. **La voz**

19. **PRIMERA PARTE**

21. **Uno**. El aparato fonador
23.   1.1. Aparato respiratorio
24.   1.2. Aparato laríngeo
25.   1.3. Aparato resonador
27. **Dos**. Características de la voz
28.   2.1. Clasificación de la voz
31. **Tres**. Producción de la voz
32.   3.1. Vocalización
32.   3.2. El triángulo vocálico
33.   3.3. Articulación
34.   3.4. Puntos de articulación
37. **Cuatro**. Educación de la voz
38.   4.1. Algunos errores frecuentes
40.   4.2. Cuidado y mantenimiento de la voz
41.   4.3. Pautas de higiene vocal. Consejos del foniatra
42.   4.4. Trastornos más comunes en los profesionales de la voz. Disfonía y afonía
44.   4.5. Lectura expresiva
46.   4.6. Entonación de la voz
51. **Cinco**. Actitudes para el doblaje. Algunas anotaciones
53.   5.1. Breve historia
54.   5.2. El proceso

54.	5.2.1. La traducción
55.	5.2.2. Adaptación de diálogos
57.	5.2.3. Reparto de voces
58.	5.2.4. Pautado o takeo
58.	5.2.5. Dirección de sala
59.	5.3. Conceptos relacionados con el sonido audiovisual
59.	5.3.1. Autodoblaje
60.	5.3.2. Sonorización en sincronía
60.	5.3.3. Postsincronización
60.	5.3.4. Sonorización
61.	5.3.5. Traducción en sincronía
63.	**Seis**. Locución Audiovisual
64.	6.1. Defectos comunes en locutores
65.	6.2. Algunas sugerencias
68.	6.3. Ejemplos de textos para radio y televisión
71.	**SEGUNDA PARTE**
73.	**Siete**. Ejercicios prácticos
74.	7.1. Ejercicios preortofónicos. Relajación
78.	7.2. Ejercicios preortofónicos. Lengua y labios
81.	7.3. Ejercicios preortofónicos. Mandíbula, velo del paladar y cuello
83.	7.4. Ejercicios preortofónicos. Mejillas
85.	**Ocho**. Aprendiendo a respirar
95.	**Nueve**. Ejercicios para la voz. Colocación y resonancia
99.	**Diez**. Ejercicios para la voz. Articulación y velocidad
121.	**Once**. Ejercicios para la voz. Modulación. Mejorando nuestra interpretación
133.	**Doce**. Ejercicios de lectura anticipada y visión periférica para televisión y doblaje
137.	**Trece**. Señalética. Trabajar un texto
139.	**Catorce**. Desapareció el micrófono: voz proyectada
143.	**Quince**. Mejorando nuestra memoria. Retentiva, memoria auditiva y visual
147.	**Bibliografía**

AGRADECIMIENTOS

Siendo justo, en primer lugar, me gustaría agradecerle a mi editorial las facilidades que desde el comienzo he recibido y especialmente a Nuria por su trato cercano y amable. Cuando se emprende la tarea de elaborar un trabajo como éste son muy pocas las certezas y muchas las dudas. Gracias por vuestra confianza, siempre.

Como cualquiera puede deducir, este manual no se lee únicamente ahora que está concluido. Todos los autores contamos con personas a las que dejamos leer nuestro trabajo en pañales en la secreta esperanza de que nos ayuden a cincelar una obra final de la que nos sintamos orgullosos y sea útil y amena para el lector. En mi caso, desde que nos conocimos, la periodista Susana Escudero ha ejercido, más que como impenitente seguidora de mis trabajos, como inspiradora constante de mis acciones. Declaro abiertamente mi secreto: soy "Susanamente admirador". Gracias Susana, siempre.

Hasta hace poco muchas cosas me parecían increíbles. Un día en el que un terrible dolor de garganta me atenazaba, conocí, por un antojo del azar, a una persona que día a día me demuestra que se puede ir más allá, que es capaz de ver el fondo de las cosas con la misma naturalidad con la que se suceden las estaciones meteorológicas. Desde ese momento encendió para mí un cálido fuego que siempre ha paliado la agitación de las tempestades.

Y como mi agradecimiento diario me parece insuficiente, desde aquí quiero agradecerle no solo la infinita paciencia que me dispensa, sino también la certeza de saber que con ella incluso lo cotidiano es increíble. Gracias Eva, siempre.

Soy una persona afortunada por tener a mi lado a unos padres y una hermana excepcionales a los que jamás les escuché ni un solo reproche. Lejos de eso, en todos mis retos profesionales, como en las zozobras no pensadas de la vida, han desplegado para mí un mapa lleno de caminos en los que, invariablemente, me dibujaban el norte, quizá porque la abuela Beatriz siempre nos iluminó a todos como la estrella polar que es. Gracias papá, mamá y hermana, siempre.

Y finalmente al estudio Soundub y uno de sus directores de doblaje, Antonio Villar por su trato familiar.

Gracias a todos mis alumnos que, con su desmedida energía, me han demostrado que cualquier cosa, por árida que sea, se puede aprender jugando.

PRÓLOGO

Amigo, no sabes la alegría que me da saber que eres uno más de los nuestros: de los que aman la radio y disfruta poniéndole colores, sonrisas y amistad a través de una voz. De los que identifican cada voz de doblaje y admiran a esos fabulosos profesionales que son capaces de dar personalidad a cualquier actor. De los que creen que no hay nada más sensual, más inspirador, más sugerente, más cálido que una voz bien utilizada. Amigo, bienvenido, porque lo que tienes en las manos es una herramienta maravillosa y útil. Con ella puede que no alcancemos los registros de Constantino "Eastwood" Romero o Mercedes "Roberts" Montalá, o la voz que todo lo llena de Iñaki Gabilondo, pero sí seremos capaces de enfrentarnos a un micrófono de forma profesional.

Y ahora que sabemos que formamos parte de un mismo clan, déjame que te diga algo más sobre este libro que vas a comenzar a utilizar a partir de ahora: te va a ayudar a conocer los rudimentos del doblaje; te va a explicar cómo es tu instrumento, el aparato con el que hablamos, para que seas capaz de manejarlo a tu antojo; te va a proponer multitud de ejercicios para que te sientas seguro y consigas pasar de hablar a locutar y hasta a interpretar… te va a dar la llave para que seas capaz de entrar en este club y formar parte de él como un miembro activo más y no te quedes fuera contemplándolo.

No es fácil que alguien comparta sus conocimientos por el puro placer de enriquecer a quien tiene delante. No es común que alguien te tome de la mano y te explique con su experiencia cómo hacer las cosas, cómo evitar resbalones, cómo saltar las piedras del camino… No es habitual, pero cuando ocurre es la forma de aprendizaje más maravillosa, más eficaz y más creativa.

Déjame que te siga confesando que cuando comencé a hacer mis primeros trabajos en la radio, toda yo era una montaña de dudas e inseguridades. No hay más que escuchar alguna de aquellas antiguas grabaciones para darse cuenta de ello (seguro que tú también sabes ya que la voz lo dice todo). De cada periodista o locutor de experiencia que tenía cerca, intentaba aprender todo lo que yo sabía que me faltaba para llegar a lo que siempre ha sido mi sueño: trabajar de forma profesional en la radio. Y no te voy a engañar, no todo el mundo estaba dispuesto a compartir. No todo el mundo tenía tiempo de pararse y enseñar al que llega, o sencillamente no tenía mucho que enseñar (sí, en esto como en todo, hay buenos y malos profesionales). Pero si yo estoy aquí es porque a lo largo de este camino de ya casi 20 años, me he cruzado con maravillosos radiofonistas que no entienden otra forma de relacionarse que compartiendo y enriqueciendo, y que me han enseñado lo que sé. De todos ellos, siempre amigos además de compañeros, he aprendido los entresijos de este maravilloso oficio, y como todos ellos intento contagiar mi amor por la radio y compartir mis conocimientos con el que quiere aprender.

Y tú y yo tenemos la suerte enorme de que José Antonio Meca sea una de esas personas generosas, siempre dispuesto a compartir lo que para él es mucho más que una profesión. Para Meca la radio es el medio de comunicación por excelencia y el doblaje, su sueño desde niño es ahora una realidad de su vida de profesional. Déjame que te diga, ya que sabemos que eres uno más del club, que con un radiocasete grababa los diálogos de las películas que luego escuchaba una y otra vez; en su casa no tenían el aparato que grababa la imagen (aquellos VHS domésticos), pero con las voces se bastaba y se sobraba para poner él solito las imágenes. Y de la admiración a la superación y la consecución de metas y sueños, porque aquel niño es hoy uno de los mejores periodistas de radio de este país y una voz prodigiosa.

Amigo, no sabes la suerte que tú y yo tenemos porque José Antonio Meca no es sólo eso. Es también uno de los buenos, uno de los generosos… uno de los que con este libro abre las puertas a cualquiera que esté interesado para que se convierta en uno de los nuestros.

Susana Escudero
Profesora de locución en la
Escuela Superior de Comunicación de Andalucía

INTRODUCCIÓN

Zoom logos ejon.

El ser humano es el animal que tiene la palabra, que es capaz de hablar para transmitir sus sentimientos, todo lo que le gusta, lo que le atrae o le disgusta.

El habla es una maravillosa facultad que nos hace únicos. La comunicación entre nosotros nos permite conocernos mucho más y engrandecer nuestra capacidad de animales sociales. Conocer nuestra propia voz es, de alguna forma, conocernos a nosotros mismos. El actor, el cantante, el orador sabe que su voz es el resultado de su aprendizaje constante, pero sabe también que es el resultado de sus emociones, sus sentimientos, sus dudas, sus miedos, sus alegrías, etc. Cada una de nuestras palabras están teñidas de sentimientos. La voz es comunicación y muy especialmente autocomunicación.

Desde siempre hemos tenido claro el peso de nuestra voz. En el siglo II después de Cristo el filósofo griego Galeno defendió que todo lo que sucede en la cabeza y en el corazón se manifiesta en nuestra voz por ser el espejo del alma. Juzgamos a las personas no sólo por su imagen sino también por su voz. Sus características resultan tan decisivas en las relaciones sociales y públicas que condicionan en gran medida lo que los demás piensan de nosotros.

La reina Cleopatra, además de ocuparse de su aspecto físico, ejercitaba su voz consiguiendo hacerla dulce y aterciopelada cuando bromeaba o grave y áspera cuando sentenciaba sobre política. El actor de cine John Gilbert, que llegó a rivalizar con el gran Rodolfo Valentino como galán más taquillero, fue uno de los ejemplos más sonados del fracaso de un actor del cine mudo al sonoro. En el año 1929, los espectadores se reían del ardiente personaje interpretado por Gilbert en *Hits Glorious Night*, su primera película totalmente hablada. La fonogenia fue definitiva.

Queda clara, por tanto, la necesidad elemental de formar y educar la voz aunque nuestro futuro profesional no vaya dirigido al canto, la locución o el doblaje.

Es cierto que el hombre no habla por tener lengua, sino por tener inteligencia, pero no es menos cierta la necesidad para establecer la comunicación, de que entendamos con nitidez lo que se diga. En tal sentido este trabajo está orientado a todas las personas que en algún momento de sus vidas han bregado con la inquietud de mejorar la comunicación haciendo más agradables sus voces. Llegados al final, será una enorme satisfacción para ellas y un regalo para quienes escuchamos.

El planteamiento inicial es contar con una herramienta útil y no un simple libro de lectura. De nada nos sirve teorizar largamente sobre nuestra voz si luego no somos capaces de poner en práctica todo cuanto aprendamos. El primer paso en el inicio de este camino es un repaso a algunos conceptos básicos de la producción de nuestra voz. Superados esos meandros nos toparemos con una extensa propuesta de ejercicios de orden práctico, para acabar arribando a la posada anhelada desde el comienzo.

Es preciso señalar, como ejemplo de honestidad, que no existen ni pócimas milagrosas, ni bálsamos de fierabrás, ni varitas mágicas que nos posibiliten manejar en un abrir y cerrar de ojos nuestra voz. Como todo proceso educativo se exige un trabajo arduo y constante que nos llevará a la obtención de los resultados esperados.

Afortunadamente no es condición imprescindible un talento innato de genio para "sonar" bien, sino la virtud de la constancia y la paciencia. Simplemente es cuestión de tiempo y dedicación, no de capacidades o talentos.

LA VOZ

Nuestra voz es el resultado de un proceso auténticamente prodigioso. Un "milagro" de la naturaleza que nos hace especiales. El ser humano es único al tener la capacidad de transmitir sus ideas mediante la articulación de un lenguaje perfectamente adaptado a la comunicación.

La voz es el sonido que produce el aire expelido de los pulmones al salir de la laringe haciendo que vibren las cuerdas vocales. Este proceso se inicia con la voluntad. El primer paso es la aparición del deseo de emitir un sonido, después se desencadenan en el sistema nervioso central un gran número de órdenes que ponen en funcionamiento todos los elementos que participan en la producción de la voz, es decir, los mecanismos de la respiración, de la fonación, de la articulación y de la resonancia.

El habla, como ocurre con otras actividades que desarrolla el ser humano, está fiscalizada por un complejo mecanismo de autocontrol en el que interviene directamente el sistema auditivo. El ejemplo más significativo lo encontramos en ambientes muy ruidosos. Cuando estamos en una discoteca e intentamos hablar tendemos a alzar la voz para poder escucharnos y mantener dicho autocontrol. Con frecuencia, los locutores que retransmiten una carrera de coches o un evento deportivo con un sonido ambiental extremo elevan la voz en sus narraciones más de lo que sería deseable para el oyente y conveniente para sus gargantas, aunque el micrófono esté a la misma distancia de sus bocas que en una situación ausente de ruido.

Los periodistas radiofónicos temen el traicionero "retardo" producido por la emisión de su voz a través del satélite, que les obliga a retirarse los auriculares inmediatamente para evitar atropellarse en sus locuciones. El cerebro no es capaz de articular una frase con coherencia sin controlar en todo momento lo que se está diciendo. En el retardo producido por la emisión a través de un satélite, las palabras pronunciadas ante el micrófono llegan a nuestros auriculares con la demora suficiente como para anular nuestro mecanismo de autocontrol.

Para mayor complejidad del sistema apuntaremos que el estado emocional en el que nos encontremos también afecta directamente a nuestra fonación y respiración.

La voz humana es tan versátil como vulnerable.

PRIMERA PARTE

uno
EL APARATO FONADOR

Entendemos el aparato fonador como el conjunto de los diferentes órganos que intervienen en la articulación del lenguaje en el ser humano y que empleamos, por tanto, para hablar.

En sus orígenes no fueron diseñados específicamente para esta tarea, lo que supone que en ocasiones su dualidad provoque percances, como ocurre con el atragantamiento: respiramos al tiempo que deglutimos. Ha sido la evolución de nuestra especie la que ha hecho que los órganos implicados en la fabricación del habla sean polivalentes, puesto que inicialmente cumplían únicamente las funciones de la masticación y la respiración.

La voz humana es el producto de la interacción de diversas estructuras que, perfectamente acopladas, constituyen un sistema de acción muy complejo que muchos no dudarían en calificar como un auténtico prodigio y, sin embargo, sustancialmente es un proceso fácilmente comprensible: somos capaces de crear una corriente de aire, ponerla en movimiento y finalmente modificarla para crear diferentes sonidos.

Para convertirse en sonido, el aire procedente de los pulmones debe provocar una vibración inicial a su paso por la laringe, formada por un conjunto de cartílagos y una serie de ligamentos y membranas que sostienen unas bandas de tejido muscular llamadas cuerdas vocales. La tensión, elasticidad, altura, anchura, longitud y grosor de las cuerdas vocales pueden variar dando lugar a diferentes efectos sonoros.

El mecanismo de producción sonora de la laringe ha sido muy discutido por los investigadores. Actualmente se acepta la *teoría mucoondulatoria* propuesta en 1962 por el Dr. Perelló: el origen del sonido laríngeo lo encontramos en el movimiento ondulatorio ascendente de la mucosa, que provoca la corriente aérea espiratoria. No hay vibración de las cuerdas vocales sino ondulación mucosa.

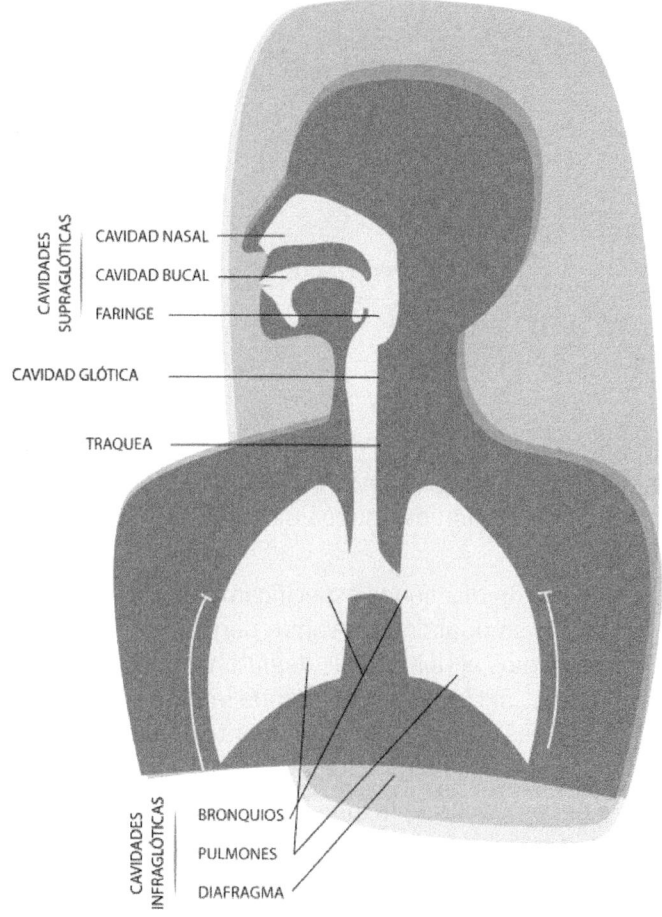

En realidad, con todas las salvedades, somos una especie de instrumento musical de viento: como ocurre en una gaita contamos con un "activador" llamado aparato respiratorio, un vibrador o aparato laríngeo y un aparato resonador. Todos ellos tan indispensables como inseparables.

Someramente señalaremos que el aparato fonador está dividido en tres partes diferenciadas responsables de algunos de los procesos implicados en la creación de sonido: las cavidades infraglótica, glótica y supraglótica.

Toda persona que pretende educar su voz debe asumir la necesidad de trabajar mediante distintos ejercicios las partes implicadas en la fonación.

Es necesaria una respiración adecuada, un correcto uso de nuestros vibradores y, desde luego, el manejo de los resonadores.

1.1. Aparato respiratorio

El término respiración sirve para designar el proceso fisiológico, involuntario y automático por el cual tomamos oxígeno del medio que nos rodea y eliminamos el dióxido de carbono de la sangre. El aparato respiratorio está formado por la nariz, la boca, la tráquea y los pulmones.

El aire se inhala por la nariz, donde se calienta y humedece. Las fosas nasales están conectadas con los senos paranasales, unos espacios huecos del interior de algunos huesos de la cabeza, que contribuyen a que el aire inspirado se caliente y humedezca.

Después el aire pasa a la faringe, sigue por la laringe y penetra en la tráquea. A la mitad de la altura del pecho, la tráquea se divide en dos bronquios que se atomizan, una y otra vez, en bronquios secundarios, terciarios y, finalmente, en unos 250.000 bronquiolos.

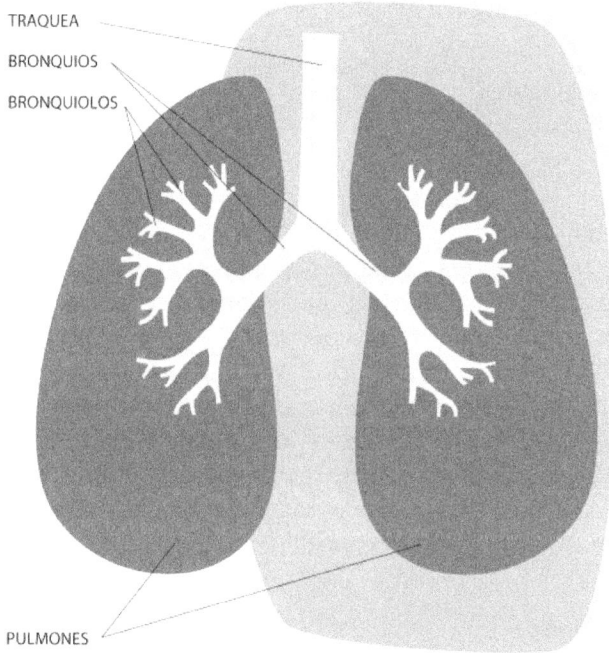

La respiración cumple con dos fases sucesivas, efectuadas gracias a la acción muscular del diafragma. En la inspiración, el diafragma se contrae y los músculos intercostales se elevan y ensanchan las costillas. La caja torácica gana volumen y penetra aire del exterior para llenar este espacio. Durante la espiración, el diafragma se relaja y las costillas descienden y se desplazan hacia el interior.

La caja torácica disminuye su capacidad y los pulmones dejan escapar el aire hacia el exterior. Ambas fases suelen durar el mismo tiempo, aunque la relación concreta entre inspiración y espiración depende del patrón de habla de cada "hablante".

El volumen de aire implicado en el ciclo de respiración puede variar según diferentes circunstancias. En una situación normal, el volumen de aire es generalmente bajo, de alrededor de medio litro.

La cantidad máxima de aire que podemos inspirar o espirar está condicionada anatómica y fisiológicamente, aunque suele rondar los siete litros aproximadamente.

Tipo de volumen pulmonar	Capacidad pulmonar
Situación normal	0,5 l
Reserva inspiratoria	2,5 l
Reserva espiratoria	2,0 l
Volumen residual	2,0 l
Capacidad inspiratoria	3,0 l
Capacidad vital	5,0 l
Capacidad funcional residual	4,0 l
Volumen total	7,0 l

De manera muy simple podemos distinguir dos tipos diferentes de respiración: la vital y la fónica. Esta última, que empleamos para la expresión y la comunicación, es más sensible a las alteraciones por causa de emociones o enfermedad. Por eso cuando estamos nerviosos o en tensión emitimos una voz temblorosa carente de seguridad, nos trastabillamos y somos incapaces de emitir un párrafo completo sin asfixiarnos. Las personas que han conseguido educar su voz, ya sean locutores, actores de doblaje o cantantes, son capaces de producir una corriente aérea mucho más estable que aquellas personas que no la han trabajado. Se dice, con razón, que un porcentaje muy elevado de una buena locución pasa por un férreo control de nuestra respiración.

1.2 Aparato laríngeo

La laringe se sitúa en la porción anterior del cuello y mide aproximadamente cinco centímetros de longitud. Es una estructura móvil que forma parte de la vía aérea, actuando normalmente como una válvula que impide el paso de los elementos deglutidos y cuerpos extraños hacia el tracto respiratorio inferior. Además permite el mecanismo de la fonación diseñado específicamente para la producción de la voz. La emisión de sonidos está condicionada al movimiento de las cuerdas vocales que, en realidad, son ligamentos fijados a lo largo del borde interno de la laringe. Son los movimientos de los cartílagos de la laringe los que permiten variar el grado de apertura entre las cuerdas y producir una depresión o una elevación de la estructura laríngea, provocando la variación del tono de los sonidos originados por el paso del aire a través de ellos. Esto junto a la disposición de los otros elementos de la cavidad oral (labios, lengua y boca) determina los diferentes sonidos que emitimos.

Algunos comparan la laringe con un embudo cuya parte más estrecha está adaptada a la tráquea y cerrada por las cuerdas vocales, otros la definen como una pirámide triangular truncada cuya base, dirigida hacia arriba, comunica con la faringe y su vértice se adapta a la tráquea. Los ingleses la llaman *voice box*, es decir caja de voz, porque es en realidad la fuente de la voz.

1.3 Aparato resonador

La resonancia es la amplificación y el enriquecimiento del sonido fundamental que producimos en la laringe, mientras que la proyección implica enviar nuestra voz afuera hasta hacerla llegar al lugar que pretendamos. En ambas funciones es básico trabajar el apoyo respiratorio para evitar problemas laríngeos.

El aparato resonador humano está formado por diversas estructuras que se hallan por encima de las cuerdas vocales. Precisamente a él se le atribuye la personalidad, brillo y redondez de la voz. Algunas teorías apuntan que la calidad y belleza de la voz se basa en las cavidades de resonancia y consideran la laringe como una productora de sonidos simples y de poco volumen. Otros investigadores, como es el caso del médico y físico alemán Hermann von Helmholtz, aseguran que las cuerdas vocales producen un tono de timbre complejo e intensidad suficiente y que a su paso a través de las cavidades de resonancia mejoran los armónicos más bellos y amortiguan los menos deseables ganando así en calidad. Donde no hay duda es en el hecho de que, gracias al aparato resonador, somos capaces de amplificar el sonido laríngeo tan necesario para la fonación.

La denominada "máscara" formada por los resonadores faciales es la más importante. Está formada por pequeñas cavidades óseas diseminadas por detrás de la cara entre la mandíbula superior y la frente. No son pocos los profesionales de la voz que aseguran que la belleza, timbre y amplitud de la voz dependen mucho más de la calidad de los resonadores que de las propias cuerdas vocales.

dos
CARACTERÍSTICAS DE LA VOZ

Desde el punto de vista físico, el sonido es una vibración que se propaga en un medio elástico. Para que se produzca sonido se requiere la existencia de un cuerpo vibrante denominado foco (en este caso nuestras cuerdas vocales) y de un medio elástico que transmita esas vibraciones que se propagan por él formando las ondas sonoras.

Las cualidades que se emplean para describir el sonido en su totalidad y que también son válidas para la voz son: intensidad, tono, timbre y duración.

Intensidad

La podemos definir como la fuerza con la que se produce un sonido. Es, por tanto, la cualidad que nos permite distinguir un sonido fuerte de uno débil. En general, y en nuestra cultura, la voz hablada se sitúa entre 65 y 75 dB y la voz proyectada entre 85 y 90 dB.

Tono

La altura o tono es la característica que nos permite diferenciar un sonido agudo de uno grave. Lo define el número de vibraciones por segundo (frecuencia). Así a mayor número de vibraciones por segundo el sonido será más agudo (alto) y será más grave (bajo) a menor número de vibraciones. En el hombre, la voz hablada si sitúa entre La 1 y Mi 2, mientras que en la mujer se sitúa una octava por encima, es decir, entre La 2 y Mi 3.

El tono puede variar dentro de los distintos territorios del país hasta el punto de que en comunidades como Valencia, Andalucía o Cataluña es más agudo que en el resto de comunidades. Entre países ocurre algo similar: el español es, por lo general, más grave que el italiano o el chino.

El tono de la voz ha tenido tanta importancia en la historia que, según el profesor británico Tom Crook, *"la baronesa Thatcher tuvo que ensayar a bajar su voz cuando fue primer ministro, puesto que las voces más bajas y más profundas entrañan mayor autoridad psicológica".*

Timbre

Distingue dos sonidos de la misma intensidad y tono producido por distintas fuentes. En realidad es la característica más difícil de explicar: supongamos que dos voces emiten un mismo sonido y, pese a ello, siguen conservando su individualidad. Al hablar del timbre de una voz estamos definiendo su personalidad, se trata de una especie de huella dactilar.

No guarda relación con el tono ni la intensidad, sino más bien con el número de armónicos producidos que son los sonidos paralelos que se producen por la resonancia de uno principal.

En la actualidad, y gracias a los programas informáticos de análisis de calidad vocal, se puede objetivar numérica y gráficamente el timbre vocal, que puede ser velado, rasposo, mate, metálico, etc.

En un estudio encargado por la empresa Post Office Telecom se pone de manifiesto que los rasgos principales que debería tener una voz ideal pasan por pronunciar 164 palabras al minuto, haciendo pausas cada 0,48 segundos entre frases y siempre con distinta entonación. La frecuencia de la voz debería oscilar entre 34,5 y 12,2 hertzios por segundo, lo que deriva en un tono propicio, ni demasiado grave, ni excesivamente agudo.

En ese curioso estudio se señalan como referencia de voces atractivas la del actor Jeremy Irons y la de la actriz Honor Blackman. Lo más llamativo de todo pasa porque la citada empresa encargó el dicho estudio buscando la voz ideal para grabar el conocido: *"el número al que llama está apagado o fuera de cobertura en estos momentos".*

Duración

Se define como el intervalo temporal en el que el sonido persiste sin discontinuidad.

2.1 Clasificación de la voz

Desde tiempos remotos los seres humanos nos hemos preocupado por definir nuestra voz. Los romanos hicieron dos grandes distinciones: según la cantidad de voz (grandes, medianas y pequeñas) y según su calidad (claras, veladas, sombrías, dulces, ásperas, duras, flexibles, sonoras y obtusas).

Aristóteles señaló que la voz gruesa y firme denota al hombre generoso, la aflautada al afeminado, la ronca al hombre colérico, la fuerte y clara al hombre de talento, la voz plañidera al estúpido e inconsciente, la dulce y pausada al hipócrita, y la áspera y honda al hombre malvado y pervertido.

Al igual que ocurre con el tamaño corporal, que nos permite ordenar a las personas según la talla, el tamaño de la laringe y las peculiaridades de la voz también permiten su clasificación.

Como norma general, la laringe es de mayor tamaño en el hombre que en la mujer, las cuerdas de ella son finas y cortas, mientras que las de él anchas y largas. Esta es la principal justificación, salvo casos excepcionales, para que la voz del hombre sea grave, mientras que la de la mujer es mucho más aguda.

Son numerosas las formas en las que podemos clasificar la voz humana dependiendo, en gran medida, del uso que vayamos a hacer de ella. No es lo mismo su empleo para el canto que para una locución o doblaje. Normalmente, en su clasificación se suelen tener en cuenta factores como la extensión, la tesitura o el timbre aunque, como aseveran numerosos autores, lo primordial no es tanto etiquetarla como educarla hasta conseguir sin fatigas su desarrollo máximo.

En el canto lírico se emplea la siguiente clasificación:
- Voces masculinas:
  - Bajo:
    - ~ Bufo.
    - ~ Profundo.
  - Barítono:
    - ~ Ligero.
    - ~ Lírico.
    - ~ Dramático.
  - Tenor:
    - ~ Ligero.
    - ~ Lírico.
    - ~ Dramático.
- Voces femeninas:
  - Contralto.
  - Mezzo-soprano:
    - ~ Ligera.
    - ~ Lírica.
    - ~ Dramática.
  - Soprano:
    - ~ Ligera.
    - ~ Lírica.
    - ~ Dramática.

La clasificación para la voz hablada es bien distinta y responde a los roles que cada locutor o actor de doblaje pueda interpretar.

Las asociaciones estereotipadas entre voz de actor y carácter narrativo del personaje se basan en factores psicosociales y culturales muy remotos y de difícil precisión, no obstante existe un punto de referencia al que se vuelve con asiduidad. En la radionovela y en el doblaje cinematográfico, determinadas asociaciones se instalan en el imaginario colectivo con valor de modelo y referencia. Así la voz de un gánster, por citar un ejemplo, debe ser rasgada, profunda, casi cavernosa y sin atisbo de dulzura. La servidumbre a la que nos someten los estereotipos vocales se hace tan fuerte que es imposible imaginarnos un galán de voz aflautada, un héroe con un timbre "sucio y pedregoso" o una dama de voz grave y oscura.

Decimos con frecuencia que los cánones de belleza se modifican con el paso del tiempo y que nuestros gustos estéticos son cambiantes; el imaginario colectivo al que hemos hecho referencia asume ahora de buen grado aspectos que antes eran impensables y mañana rechazará lo que ahora es aceptado, algo que desde luego ocurre en infinidad de órdenes de la vida. Las voces también están sometidas a estas normas y a nuestros gustos en función de las modas.

Pese a la constante mutación del perfil que define la voz hablada, parece aceptada la siguiente clasificación confeccionada por Emma Rodero y María Eugenia del Águila en su publicación *El proceso de doblaje take a take*:

- Niño: son voces blancas. Se caracterizan por ser armónicas y poco resonantes. La de niño y la de niña son similares y suelen ser agudas.
- Adolescente: son voces suaves y claras. Las mujeres suelen tener una vida más prolongada que los hombres en cada registro y eso hace que, indistintamente de la edad, puedan interpretar este tipo de personajes.
- Joven: en los hombres aumenta decisivamente la resonancia mucho más que en las mujeres. La edad media establecida ronda los 35 años.
- Adulto: suelen ser voces con mayor rugosidad y resonancia e incluso podríamos decir que formales y algo más redondas. Interpretan roles de personas superiores a los 35 años.
- Anciano: rugosas y en ocasiones algo rotas, especialmente en los varones. En las mujeres suelen tender nuevamente hacia tonos agudos.
- Tipo: de manera generalizada, dentro del mundo del doblaje, se denominan "voces tipo" a aquellas con un timbre peculiar que se asocian con personajes igualmente peculiares como las empleadas en dibujos animados o personajes extravagantes o fuera de toda norma.

De igual manera se emplea la denominación de galán o dama para los personajes protagonistas. A ellos se le atribuyen voces melodiosas: suaves para ellas y graves para ellos.

tres
PRODUCCIÓN DE LA VOZ

En la producción de la voz se dan un cúmulo de actos de índole social, psicológico y físico.

Determinadas agrupaciones de sonidos tienen un valor concreto para una comunidad que habla una misma lengua, pero fuera de ella carecen de significado, lo que nos señala una clara vertiente social.

En el tono de voz influyen las circunstancias personales del hablante. La voz asciende más, cuanto más lejos se la quiera impulsar, mientras que desciende al nivel más grave posible en una charla confidencial. En definitiva, el tono varía en función de la psicología del sujeto. Nuestro estado de ánimo tiene una repercusión directa e inmediata en la forma en la que hablamos.

Los movimientos de nuestros órganos para pronunciar sonidos son fisiológicos, mientras que podemos catalogar como hecho físico las vibraciones atmosféricas que transmiten las palabras.

La voz puede producirse ampliamente modulada, extendida en dos octavas, cuando nuestro tono es jovial o puede emitirse casi en un solo tono cuando nos encontramos tristes.

La fonética estudia los sonidos concretos atendiendo a sus cualidades físicas como sonoridad, tono y otras características de su pronunciación, y descarta la función que cumplen en la expresión oral.

Debemos tener presente que, en la producción de la voz, está implicado todo el cuerpo. Existen cuatro niveles diferenciados:
- La postura y alineación.
- El tono muscular.
- La respiración.
- Los órganos de articulación y cavidades de resonancia.

Los profesionales de la voz necesitan ejercitar de forma constante y disciplinada estos cuatro aspectos.

3.1. Vocalización

La vocalización es la correcta y clara pronunciación de cada fonema vocálico. Cuando no emitimos cada vocal con su sonido propio, corremos el riesgo de "ensuciar" la palabra hasta llegar a ser ininteligible.

Las vocales son los sonidos más simples de la voz en un idioma. Se producen simplemente haciendo vibrar las cuerdas vocales al paso del aire procedente de los pulmones, dando una mayor o menor abertura a la boca, así como una ligera modificación del estado de reposo de la lengua.

En español son cinco las vocales claramente diferenciables (a, e, i, o, u), mientras que en otros idiomas aparecen ligeras variaciones. Es el caso del inglés o el alemán, con ejemplos tan significativos como la "a" de "eraser" o la "o" de "shon" respectivamente.

Los sonidos vocales de nuestro idioma se pronuncian de la siguiente manera:
- La A se consigue con una amplia abertura de la boca, los labios adheridos con naturalidad a los dientes y la lengua casi en reposo descansando en el suelo de la boca.
- La E se pronuncia con menor abertura que la A, los labios en rectángulo y la lengua ligeramente levantada.
- La I, con casi la misma abertura que para la E, pero con los dientes casi cerrados y el extremo de la lengua apoyada en los dientes inferiores, mientras los lados se elevan hasta tocar los colmillos superiores.
- Para pronunciar la O, es necesaria la abertura de la boca formando un círculo, sacando un tanto los labios hacia delante y replegando la lengua hacia atrás.
- En el caso de la U se estrecha un poco más el círculo de los labios que en la O, se sacan lo labios más adelante y se oprimen los carrillos para dirigir el sonido.

Para la pronunciación de la A, la E y la I es la lengua la que cobra mayor protagonismo, mientras que para la O y la U son los labios los que juegan un papel relevante.

Para concluir añadiremos que las vocales se clasifican en abiertas: A, E, O y cerradas I y U en función de la abertura de la boca para pronunciarlas.

3.2. El triángulo vocálico

Para explicar la ubicación de la lengua en el interior de la boca a fin de pronunciar las vocales, se utiliza el triángulo vocálico o de Hellwag.

Los vértices los ocupan los fonemas de posición lingual extrema, la I ocupa el vértice anterior palatal y la U el vértice velar palatal.

La vocal A, llamada neutra porque se emite manteniendo la lengua en posición horizontal y en estado de reposo, ocupa el vértice lingual del triángulo.

Entre la A y la I se coloca la E en una posición intermedia de la lengua y entre la A y la U se coloca la O, también en una posición intermedia.

```
        I                    U



             E        O



                 A
```

3.3. Articulación

El sonido de una consonante no puede emitirse por sí solo. Para pronunciarla es necesario el apoyo imprescindible de una vocal. Pongamos un ejemplo clarificador: para que la C o la B suenen hay que añadirles una E. Para pronunciar una consonante empleamos los órganos de articulación de la boca en la tercera y última fase de la producción de un sonido. Por tanto, la articulación como tal es la modificación de la onda sonora por la acción coordinada de los articuladores. Se trata de la posición que adopta nuestra boca para producir los sonidos que en cada momento demandamos.

Hay varios aspectos que afectan directamente a nuestra dicción, entre ellos los propios órganos articuladores, el modo en el que se produce la citada articulación, el punto exacto, la posición del velo del paladar, la fuerza y naturalmente la coordinación.

Si los articuladores son móviles, como es el caso de la lengua o el labio de abajo, se denominan activos; mientras que los dientes, el paladar, la glotis o el labio superior son pasivos. Los articuladores activos se aproximan a los pasivos consiguiendo una obstrucción en la corriente de aire a su paso por el tracto vocal, produciéndose la articulación.

Los profesionales que han conseguido educar su voz, han asimilado la necesidad de acometer ejercicios para mejorar su articulación y contar con una dicción correcta, lo que no deja de ser, en cierto modo, un acto meramente mecánico y por tanto sustancialmente mejorable con la práctica correcta y asidua.

La articulación andaluza es, en general, más relajada que la castellana, mucho más tensa. Con frecuencia se dice que el español más neutro y, en consecuencia, con la dicción más adecuada lo encontramos en torno a Castilla-León, aunque la ciudad de nacimiento o los hábitos adquiridos en nuestra vida no deben suponer, si así lo estimamos, traba alguna para contar con la dicción de una castellano neutro. Como suele ocurrir con otras disciplinas todo es cuestión de práctica y tenacidad. El acento particular de cada lugar en el que se habla el español es algo que forma parte de nuestra idiosincrasia y, por tanto, de nuestra identidad, si bien es cierto que normalmente y salvo excepciones se considera un obstáculo para un locutor de radio tener su propio acento nativo, especialmente si se ha nacido lejos de Madrid.

En el doblaje, salvo que la narración o el personaje doblado lo demanden, no es tolerable por la mayoría de los estudios o radios un acento gallego, murciano o andaluz.

3.4. Puntos de articulación

Para la producción de sonidos consonánticos es necesario trabar el paso de aire desde los pulmones al exterior.

Llamamos punto de articulación al lugar donde se juntan los órganos que intervienen en la producción del sonido. Para producir, por ejemplo una P, B o M deben entrar en contacto los dos labios, creando así un sonido bilabial.

A la postura que adoptan los órganos que producen el sonido se le llama modo de articulación. Si los órganos cierran total y momentáneamente la salida del aire para producir sonidos como P, T y K se les denomina oclusivos.

Para producir la voz, las cuerdas vocales pueden vibrar o no hacerlo. Si los sonidos se producen sin ninguna vibración se les llama sordos y entre ellos encontramos la P, la F y la K. Sin embargo si las cuerdas vibran, como ocurre con la A, la B o la D, se les llama sonoros.

También puede ocurrir que para producir un sonido parte del aire pase por la cavidad nasal como con la M, la N o la Ñ. Son los sonidos nasales, frente a los que se sitúan los orales como la F, la E o la S que pasan únicamente por la cavidad bucal.

Rasgo	Órganos	Ejemplos
Bilabial	Los dos labios	/p/, /b/, /m/
Labiodental	Labio inferior y dientes superiores	/f/
Interdental	Lengua entre los dientes	/z/
Dental	Lengua detrás de los dientes superiores	/t/, /d/
Alveolar	Lengua sobre la raíz de los dientes	/s/, /l/, /r/, /rr/, /n/

Palatal	Lengua y paladar	/ch/, /y/, /ll/, /ñ/
Velar	Lengua y velo del paladar	/k/, /g/, /j/

Rasgos motivados por el punto de articulación

Rasgo	Órganos	Ejemplos
Oclusivo	Cierre total y momentáneo del paso del aire	/p/, /b/, /t/, /d/, /k/, /g/, /n/, /m/
Fricativo	Estrechamiento por donde pasa el aire rozando	/f/, /z/, /j/, /s/
Africado	Se produce una oclusión y después una fricación	/ch/, /ñ/
Lateral	El aire para rozando los datos de la cavidad bucal	/l/, /ll/
Vibrante	El aire hace vibrar la punta de la lengua al pasar	/r/, /rr/

Rasgos motivados por el modo de articulación

Rasgo	Órganos	Ejemplos
Sordo	No vibran las cuerdas vocales	/p/, /t/, /k/, /ch/, /z/, /s/, /j/, /f/
Sonoro	Vibran las cuerdas vocales	/b/, /z/, /d/, /l/, /r/, /rr/, /m/, /n/, /ll/, /y/, /g/

Rasgos motivados por la intervención de las cuerdas vocales

Rasgo	Órganos	Ejemplos
Nasal	Parte del aire pasa por la cavidad nasal	/m/, /n/, /ñ/
Oral	Todo el aire pasa por la boca	El resto

Rasgos motivados por la intervención de la cavidad nasal

La ortofonía es la encargada de estudiar la producción de la voz. Sus especialistas investigan los defectos de la voz y de la palabra en sus orígenes para aplicar un tratamiento adecuado para su corrección.

cuatro
EDUCACIÓN DE LA VOZ

Lejos de lo que inicialmente pudiéramos pensar, la educación de la voz no es algo que afecte únicamente a los cantantes, los locutores, los profesores o los actores de doblaje. Utilizar correctamente una herramienta tan poderosa y fascinante es algo indispensable para cualquier persona, independientemente de su ocupación.

Todos, en algún momento de nuestras vidas, hemos quedado gratamente sorprendidos por la voz armoniosa y equilibrada de nuestro interlocutor: el camarero que nos atiende, un político, un vendedor, un profesor, etc. ¿Quién no ha quedado prendado a lo largo de su vida de la voz de un determinado locutor de radio? Un tema de interés y un hilo de voz a través de las ondas que, como canto de sirena, nos hace soñar atrapados, en ocasiones divertidos, otras compungidos, siempre emocionados. Es el misterio mágico de las voces de la radio o el cine. Un mundo fascinante en el que la voz, al margen de la imagen, consigue en numerosas ocasiones, descubrirnos rincones no pensados de nuestra imaginación.

No podemos olvidar que uno de los aspectos determinantes del ser humano respecto al resto de seres vivos es la capacidad de comunicación. Aunque algunos animales poseen cuerdas vocales y pueden producir algunos sonidos, únicamente los seres humanos disponemos de una movilidad de la boca que nos permite realizar articulaciones voluntarias, facilitándonos la expresión de nuestros sentimientos e ideas en toda su magnitud. Ocupamos el 80% nuestra vida comunicándonos. De este tiempo, el 45% lo empleamos en escuchar, el 30% en hablar, el 16% en leer y un 9% en escribir.

Desde pequeños nos educamos en la asertividad: conocemos cómo funcionan las cosas, los principios básicos de las matemáticas, la física o la química, pero rara vez educamos nuestra voz en toda su extensión para protegerla y comunicarnos con la mayor eficacia posible.

Debemos tener presente que los problemas derivados de la voz no se curan estando callados, en reposo o hablando poco. Así podremos evitar la formación de lesiones, pero el problema persistirá hasta que un especialista nos ayude a hablar y comunicarnos correctamente.

4.1. Algunos errores frecuentes

Incluso en los profesionales más curtidos son normales ciertas deficiencias en su oratoria, especialmente cuando abordan una improvisación. Es frecuente suprimir, atropellar o comprimir letras, sílabas o palabras, a pesar de que una locución debe ser en todo momento entendible, nítida y completa. En numerosas ocasiones estos defectos de locución vienen marcados por el lugar geográfico en el que nos encontremos y especialmente por el déficit de lectura. Citamos como ejemplos los conocidos leísmos y laísmos madrileños, el lambacisco cubano, o el rotacismo jienense. Estos defectos de locución, que forman en ocasiones parte de la idiosincrasia de un lugar, no son aceptables cuando requerimos un español neutro carente de singularidades. En numerosas ocasiones también se producen determinadas alteraciones en la fluidez que pueden llegar a ocasionar serias deficiencias en la comunicación. En cualquier caso deben ser tratados por un especialista. Los principales son:

- **Taquilalia**: se produce una rapidez excesiva en el ritmo de la palabra, hasta el punto de desfigurar u omitir fonemas.
- **Bradilalia**: produce una lentitud extrema en el ritmo de la palabra y la monotonía del discurso.
- **Monotonía**: se producen desviaciones melódicas muy sutiles.
- **Farfulleo**: se caracteriza por el desorden y la aceleración del ritmo.

Los principales defectos de pronunciación son:

- **Asimilación**: supresión de letras, sílabas o palabras formando contracciones.

X	V
Losojos	Los ojos
Ese coche es della	Ese coche es de ella
Venpacá	Ven para acá
Nisemeocurre	Ni se me ocurre
Fui alaldeauna vez	Fui a la aldea una vez
Cantanteinternacional	Cantante internacional

Dentrun rato	Dentro de un rato
Vete pallá	Vete para allá

Debemos evitar la supresión de las "s" finales de cada palabra. En el caso de que la palabra predecesora comience con la misma vocal con la que acaba, se pronuncian completas pero sin pausa: Casa América, no Casa-América.

- **Metátesis y disimulación**: se trata de la alteración en el orden de las letras, sílabas o palabras. Ocurre con bastante frecuencia y responde a fallas psicoverbales normalmente ocasionadas por la falta de atención en lo que estamos diciendo.

X	V
Donde dije Diego digo digo	Donde dije digo, digo Diego
Rinde como uno y cuesta como dos	Rinde como dos y cuesta como uno
Criticó los medios de locomoción	Criticó los medios de comunicación

Para evitar este error debemos tener seguridad y saber qué estamos diciendo en todo momento. Perder "el hilo" puede complicar nuestra locución.

- **Sustitución de las letras**: es común con las consonantes "d, p, c, s" al final o a la mitad de la palabra:

X	V
Madriz	Madrid
Octurador	Obturador
Demogracia	Democracia
Ecepcional	Excepcional
Ocjeto	Objeto
Correpto	Correcto

Leer con asiduidad, junto a la práctica de una dicción cuidada, elimina muchos de estos problemas.

- **Lambacismo**: cambio de la letra "r" por la "l":

X	V
Amol	Amor
Muelto	Muerto

Hacel	Hacer
Tractol	Tractor

- **Rotacismo**: al contrario que el lambacisco, se trata de cambiar la letra "l" por la "r":

X	V
Argunos	Algunos
Er bicho	El bicho
Mir	Mil

- **Ultracorrección**: ocurre de manera inconsciente cuando pretendemos dar una imagen de exquisito refinamiento:

X	V
Bacalado	Bacalao
Vacido	Vacío

Es recomendable para corregir estos defectos prestar atención a lo que se locuta y leer con asiduidad.

4.2. Cuidados y mantenimiento de la voz

Las exigencias a las que solemos someter la voz, junto a una incorrecta técnica vocal, nos conducen a que realicemos con frecuencia esfuerzos inadecuados para suplir, en cierta forma, la incapacidad de manejarla de una manera satisfactoria. Así, aumentamos la fatiga vocal, disminuimos la inteligibilidad del habla e, incluso, podemos modificar las características de nuestra voz.

Lo que hacemos orgánicamente es tensionar los músculos que intervienen en la fonación con el perjuicio que esta acción lleva aparejado. Cuando elevamos el volumen sin aplicar la técnica adecuada provocamos una hipertensión muscular, perdemos el control de la respiración y castigamos las cuerdas vocales emitiendo una voz alterada llena de aspereza.

El mal uso de la voz deriva en patologías que pueden llegar a ser graves.

Percibimos nuestra voz como alterada cuando su timbre es diferente al habitual, generalmente más oscura, rasposa y velada. A menudo también percibimos una sensación de fatiga vocal y un cambio en la altura tonal que hace que se vuelva más grave o más aguda. Y no es extraño que todo esto vaya acompañado de un cambio de intensidad que dificulta que se nos oiga con claridad.

Según la Sociedad Española de Otorrinolaringología cinco de cada cien españoles sufren algún trastorno en la voz que requiere la intervención de un especialista. La franja de edad en la que aparecen más problemas se sitúa entre los 25 y los 45 años y afecta en mayor medida a las mujeres que a los hombres. Los profesores son el colectivo más perjudicado por las disfonías, hasta el punto de que alrededor del 20% de sus bajas laborales se deben a disfunciones con su voz.

En general, no somos conscientes del estrés al que sometemos la voz cuando circula por nuestra garganta el humo del tabaco, hablamos por encima de nuestras posibilidades vocales o lo hacemos durante mucho tiempo, muy alto o muy bajo. Es normal sufrir trastornos en la voz (una ronquera o pinchazos en la garganta) después de frecuentar una discoteca o un restaurante muy ruidoso.

Cada voz es distinta a las demás, tiene su propia identidad, de modo que aunque sufre ligeras modificaciones a lo largo de nuestra vida (entre otras cosas por la edad), nunca deja de ser única y nos acompañará toda nuestra existencia. Su extrema delicadeza requiere que la mimemos durante toda la vida. Es un instrumento singular.

Lo recomendable es acudir a un especialista cuando la alteración de la voz permanece más de quince días o si se repite con cierta frecuencia. Los profesionales de la voz deben chequearse al menos una vez al año para mayor tranquilidad, puesto que la detección precoz de ciertas patologías puede evitar muchos problemas futuros.

Los especialistas aconsejan unas medidas básicas que nos ayudan a mantener nuestra voz en un estado óptimo.

4.3. Pautas de higiene vocal. Consejos del Foniatra

- Evitar el ruido ambiente y no intentar superarlo (máquinas, tráfico, música, etc.).
- No hablar por encima de nuestras posibilidades. Utilizar el tono y el volumen óptimos evitando susurrar o chillar.
- Utilizar correctamente nuestros recursos vocales sin agotar todo el aire que tenemos en los pulmones. Cuando se notan las venas del cuello significa que estamos chillando o hemos agotado todo nuestro aire. En este caso tensionamos nuestros músculos perjudicando las cuerdas vocales, extremadamente sensibles.
- Eliminar por completo el consumo del tabaco.
- Las cuerdas vocales necesitan estar hidratadas constantemente con una delegada capa de moco para que puedan vibrar correctamente, por eso es necesario beber de dos a tres litros de agua diariamente.
- Evitar todos los irritantes de la garganta: alcoholes fuertes, bebidas muy frías o muy calientes, polvo, etc. Las bebidas alcohólicas y con

cafeína extraen agua del cuerpo y disminuyen la lubricación de las cuerdas vocales.
- La voz es muy sensible a la falta de sueño. Dormir menos de seis horas produce cansancio vocal y predisposición a las lesiones.
- Carraspear y toser con fuerza son acciones traumáticas para las cuerdas vocales y deben evitarse siempre que sea posible. En caso de necesidad es preferible emitir una tos suave. Si existe irritación de garganta, sequedad y picores no debemos tomar caramelos de menta, son mucho mejores los cítricos, malvavisco, regaliz o miel y limón. Los chicles neutros favorecen la secreción salivar.
- Mantener una actitud equilibrada y relajada en la medida de lo posible.
- Adoptar una postura corporal correcta, sin tensiones en cuello y cara.
- Durante la aparición y desarrollo de la menstruación, la calidad de la voz disminuye y existe un engrosamiento fisiológico de la mucosa de las cuerdas vocales. Existe cierta dificultad en la emisión de notas agudas y, en ocasiones, en todos los registros. Dos o tres días antes de la menstruación pueden llegar a congestionarse las cuerdas vocales.
- Evitar hablar con la boca semicerrada para evitar una voz áspera y estridente con escasa riqueza de armónicos.
- Las píldoras anticonceptivas con progestorona pueden hacer circunstancialmente que la voz suene más grave.
- Evitar hablar durante los procesos catarrales, con rinitis, si existe dificultad respiratoria nasal, bronquitis, etc.

4.4. Trastornos más comunes en los profesionales de la voz. Disfonía y afonía

Los últimos estudios realizados apuntan que más del 50% de los trastornos de la voz están causados por el abuso y mal uso vocal. También tienen mucho que ver determinadas enfermedades neurológicas o desórdenes hormonales. La afonía es la afección de la voz más frecuente, padeciéndola nueve de cada diez personas. A continuación resumimos los trastornos más frecuentes:

- **Trastornos en la fonación**: se produce una disfonía. La voz puede sonar ronca, entrecortada o débil, debido a causas simples como gritar, cantar o hablar demasiado, o a causas más graves como parálisis de las cuerdas vocales, un trauma físico o un cáncer de laringe. Pueden aparecer nódulos, úlceras o pólipos.
- **Trastornos en el volumen**: si la voz tiene un volumen muy alto o muy suave puede derivar en la aparición de nódulos o úlceras en las cuerdas vocales.
- **Trastornos de la voz por resonancia**: aparece la hipernasalidad, motivada por un exceso de aire en la producción de sonido; o la hiponasalidad, que presenta falta de aire para hacer sonar la nariz durante el habla.

Existen, además, dos tipos de alteraciones funcionales laríngeas:
- **Hipotonía**: las cuerdas vocales no llegan a cerrarse completamente, escapándose aire y produciendo sonido débilmente. Nos provoca tos, sensación de ahogo y esfuerzo al hablar.
- **Hipertonía**: se caracteriza por un exceso de tensión en la fonación, provocando un debilitamiento de las cuerdas vocales que altera su movimiento. La voz suele ser apretada, estridente y con tensión muscular. En general hay una actitud vocal de esfuerzo y mala coordinación fonorrespiratoria.

Los problemas en la voz debe diagnosticarlos un otorrinolaringólogo o foniatra para programar un tratamiento que permita su cura. Normalmente la recuperación requiere la reeducación de la voz mediante algunos ejercicios en los que se trabaja la relajación muscular (cuello y espalda), la respiración y la impostación de la voz. A modo de ejemplo, citamos algunos ejercicios prácticos:

Ejercicio 1: aspereza
Sentados en posición de máxima relajación y con la espalda recta, describimos una amplia rotación de cabeza, partiendo de una postura en que ésta se encuentre caída hacia abajo, con los dientes relajados y las mejillas laxas. Durante todo el movimiento de rotación que llevará la cabeza hacia atrás y siempre dando la vuelta hasta llegar al punto de origen, murmuraremos la palabra BARALABIA dejándola sonar con la mínima participación de los labios. No es necesario que el sonido sea inteligible.

Ejercicio 2: nasalidad
Puesto que esta voz se produce por la contracción involuntaria del velo del paladar, que le cierra el paso al flujo de aire evitando la participación de los resonadores de las fosas nasales, debemos controlar mejor nuestros movimientos.

Frente al espejo, para observarnos, abriremos la boca tanto como podamos al tiempo que relajamos la lengua, que debe caer sobre el lecho y tocar con su punta la parte de atrás de los incisivos inferiores.

Ejercicio 3: volumen
El volumen de la voz depende de la masa de aire disponible y de su exhalación.

Nos situamos frente a una pared, a una distancia de unos dos metros. Imaginemos ahora que tenemos una pequeña pelota de goma dentro de nuestra boca que lanzamos fuertemente contra la pared al tiempo que pronunciamos el sonido pin. La palabra rebota en la pared y vuelve a nosotros.

Ejercicio 4: hipotonía
En este ejercicio se asocia la tensión muscular con la producción de la voz para favorecer la movilidad y tono de las cuerdas vocales y producir el cierre adecuado de la glotis.

En posición de sentados, agarramos con las manos el asiento de la silla con la espalda perfectamente apoyada y los pies en el suelo. Inspiramos al mismo tiempo que empujamos hacia arriba como si intentáramos levantar nuestro propio peso. Elevamos la barbilla hacia atrás mientras pronunciamos Kaaak... en tono descendente. Hacemos lo mismo con cada una de las vocales.

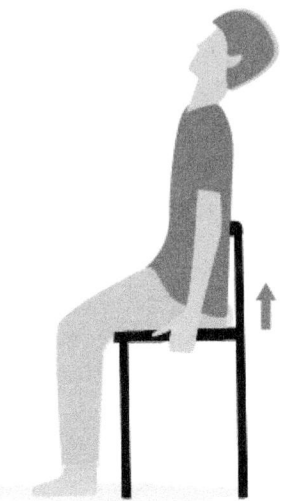

Ejercicio 5: hipertonía

Mediante esta práctica perseguimos una buena articulación, acompañada de un correcto apoyo diafragmático. Debemos vocalizar cada grupo teniendo la sensación de que estamos disimulando un bostezo. Para ello deberemos elevar el paladar. La lengua estará siempre apoyada en los incisivos inferiores:

- 2 vocales: AA - AO - AU - OA - OO - OU - UA - UO - UU.
- 3 vocales: AAA - AAO - AUO - UOA - OAO - OOO - OAA.
- 4 vocales: AOOU - OAUA - OUAU - UUOA - UAOU - AUUO.

4.5. Lectura expresiva

No es buen principio saltarse escalones, ni edificar la casa comenzando por el tejado en la tarea de locutar con corrección. El primer paso para conseguirlo es saber leer en voz alta con soltura. No se puede locutar bien si antes no se lee bien. El proceso para llegar a leer en voz alta correctamente pasa únicamente por su práctica. No hay más secreto que leer, leer y leer todo cuanto caiga en nuestras manos. El contenido es lo de menos, desde una novela histórica, hasta un cómic o una simple revista del corazón. Por lo general, la poesía o los cuentos son excelentes opciones, puesto que al mismo tiempo que conseguimos destreza oral, enriquecemos la expresividad que tanto necesitaremos posteriormente. Naturalmente, nuestra sugerencia pasa por leer contenidos enriquecedores, de manera que "matemos dos pájaros de un tiro".

La lectura expresiva siempre nos acompaña. Una voz interior está presente en la mente para ayudarnos a organizar el pensamiento en la lectura silenciosa. El profesor José Cantero afirma que *"leer un texto implica oír en el interior una voz que lo lee. Cada lector competente tiene un locutor particular en su mente que pronuncia el texto, recrea su entonación, agrupa sus frases en grupos fónicos, da a cada grupo fónico su entonación apropiada y da la inflexión adecuada a cada acento de frase (...) el lector competente atribuye una estructura fónica adecuada a cada unidad del texto, identifica en el texto las unidades de significado y las integra con la entonación apropiada. Este locutor interno actúa como intermediario entre el texto y el lector, y es un elemento esencial en la comprensión de la lectura".*

El segundo condicionante, igualmente importante, es entender y asimilar en todo momento qué estamos leyendo. Si no sabemos qué estamos diciendo, será imposible dotar nuestra lectura del énfasis requerido en cada momento. El resultado final será una lectura absolutamente plana, monótona y constante, que nos aburrirá a nosotros y a la persona que nos escuche.

Es fundamental practicar la lectura expresiva sintiendo como nuestra cada palabra que pronunciemos, puesto que será la base para dominar la entonación. Todos tenemos la capacidad de atraer con nuestra lectura. El objetivo es emplear los recursos con los que habitualmente contamos y que desatienden, con demasiada frecuencia, nuestra llamada. Se trata de domesticar inflexiones, pausas, entonaciones y volúmenes hasta conseguir que acudan a nuestro auxilio cuando el texto así lo demande: transmitir con nitidez y limpieza la emoción de lo leído, los estados de ánimo de los personajes, el interés de los sucesos que acontecen, que la nostalgia, la rabia, la envidia o el amor sean algo más que palabras escritas en un papel.

La tercera fase es intentar que el mensaje llegue con la mayor nitidez sin que el receptor esté obligado a hacer esfuerzos adicionales. El profesional de la voz la empleará de la manera más armoniosa posible sin tener que hacer esfuerzos extras, pero consiguiendo el mayor rendimiento.

Es evidente, por tanto, la necesidad de hablar con claridad y de realizar elocuciones nítidas y comprensibles en todo momento. Pensemos en las palabras como objetos tangibles que podemos visualizar y palpar: tienen por tanto color, texturas y hasta masa. Nuestra voz también expresa el significado de cada palabra hablada. No es lo mismo decir áspero que suave, rápido que despacio. La voz expresa el significado de cada palabra: contenido y continente deben coincidir para evitar contradicciones.

El estudio de la dinámica de la voz está lleno de matices y de posibilidades infinitas. Lo más interesante es conseguir que esos matices sean "orgánicos", es decir, que nazcan en el interior y afloren a través de nuestra voz. Debemos evitar registros preestablecidos en favor de una mayor verosimilitud de nuestra locución.

4.6. Entonación de la voz

La entonación es la modulación de la voz que acompaña la secuencia de sonidos del habla y que puede reflejar diferencias de sentido, de intención, de emoción y de origen del hablante. Podríamos decir, buscando un símil, que cumple el papel de la melodía dentro de una canción. Por tanto refleja la interpretación fonética de los cambios en las vibraciones de las cuerdas vocales al emitir un enunciado.

A través de la entonación se manifiesta nuestro estado de ánimo. En función de nuestra situación, el comportamiento fisiológico o la propia articulación varían. De manera natural la entonación es sincera, puesto que va vinculada a determinados comportamientos que el cerebro consciente no controla: cuando estamos tristes y lloramos, cuando reímos de alegría o dudamos de incertidumbre. No obstante tenemos la capacidad de "someter" nuestra entonación, falsearla siguiendo unos patrones de comportamiento, ¿o qué hace un actor frente a su público cuando muestra una tristeza desmedida o una melancolía sin límites?

Para llorar o reír con credibilidad frente a un micrófono no necesariamente debemos estar muy contentos o muy tristes, aunque sea cierto que interpretar con naturalidad, ya sea con la voz o el cuerpo, siempre nos demandará una parte "orgánica". Es claro que hay que sentir para transmitir.

Lo esencial en la entonación son las variaciones tonales. Cuando se comienza a hablar, las cuerdas vocales se tensionan y se produce una elevación más o menos rápida del tono. Al terminar la emisión, la relajación de las cuerdas vocales origina el descenso tonal.

Podemos decir que cada uno de nosotros tenemos nuestro propio tono: las características de pronunciación de cada individuo varían según el estado de ánimo y los hábitos de pronunciación.

La entonación no afecta a los significados individuales de las palabras, sino al sentido global de la frase y, nos señala la intención del hablante, las circunstancias sociales o su situación única. Por eso, en cada región existe una fisonomía propia. A esos hábitos de entonación peculiares se les llama acentos; es evidente que no nos suena igual un andaluz que un gallego.

La entonación es tan compleja que muchos investigadores piensan que es imposible sistematizarla y como asevera el filólogo Antonio Quilis en su *Tratado de fonética y fonología españolas,* cuando se estudia hay que tener en cuenta el factor de la espontaneidad y sus dimensiones geográficas y sociales.

La línea melódica o entonación está formada por distintas unidades. El campo de entonación, registro o rango vocal es el espacio comprendido entre los sonidos lingüísticos más agudos y los más graves. Su extensión es muy variable e individual y depende del énfasis de la dicción o del propio estado emocional, entre otros factores.

Cada persona, dentro de su registro individual de voz, cuenta con un tono producido con naturalidad y sin esfuerzo; alrededor de esa nota base se suceden las subidas o bajadas del habla.

Al hablar usamos un rango de 4 o 5 notas, pero al cantar cubrimos casi 2 octavas o intervalos de 8 notas –un total de 16–. Un buen cantante supera las 3 octavas.

Los grupos fónicos son agrupaciones de palabras de extensión variable que tienen forma musical propia y que no siempre coinciden con la estructura sintáctica de la oración. En castellano, su tamaño oscila entre ocho y quince sílabas, en cambio en francés son más cortos y en italiano más largos. Los grupos fónicos también cuentan con una estructura interna formada por tres partes diferenciadas que nos marcan el camino de la entonación. La frase "Me robaron la moto nueva" es un claro ejemplo. En la fase inicial la voz asciende hasta alcanzar la primera sílaba acentuada, que en este caso es "robaron".

En el cuerpo de la frase se mantiene un nivel estable, mientras que el final viene marcado por un descenso en la última sílaba acentuada. Es la parte de mayor importancia en la línea melódica porque tiene un valor distintivo. Se llama *tonema* y en nuestro ejemplo recaería en la palabra "nueva". Por tanto un tonema es la inflexión que se presenta a partir de la última sílaba tónica del grupo fónico y atañe a la parte final de la curva melódica de cada uno de los grupos fónicos en que se divide el discurso.

En español se pueden distinguir varios tipos de tonemas que se representan gráficamente mediante líneas:

- **Cadencia**: en este caso la inflexión final es descendente. Se representa con una flecha vertical que apunta hacia abajo ↓. Pongamos unos ejemplos:
  - "Tienes que enseñar tu pasaporte." ↓
  - "Por las mañanas me caliento la leche". ↓

  La cadencia es característica de las oraciones enunciativas: "José Antonio se marchó". ↓
- **Suspensión**: el nivel de tono se mantiene constante y sin variaciones significativas. Se representa con una flecha horizontal →. Unos ejemplos:
  - "Es que no sé dónde se ha metido…". →
  - "Quién tuviera tanta suerte". →

  La suspensión es propia de oraciones dubitativas, de frases inacabadas o entrecortadas: "El que a buen árbol se arrima…". →
- **Anticadencia**: el grupo fónico finaliza de forma ascendente. Utilizamos para señalarlo una flecha vertical que apunta hacia arriba ↑.
  - "¿Escribiste esa carta?". ↑
  - "¿Puedes pasarme la sal?". ↑

  La anticadencia se suele dar en oraciones interrogativas totales: "¿Se fue José Antonio?".

- **Pausas**: son las interrupciones que se hacen al final de la emisión de cada grupo fónico. Están motivadas por razones fisiológicas para que podamos respirar y por razones lingüísticas. Para marcar una pausa en el texto se utiliza la barra separadora /. Se pueden distinguir cuatro pausas lingüísticas:
  - *Pausa final:* es la que se hace después de un enunciado con significado completo: "José Antonio se marchó hoy a Baza".
  - *Pausa enumerativa:* se utiliza en la consecución de elementos: "En la casa hay ventanas, sillas, armarios, papeles…".
  - *Pausa explicativa*: se utiliza para aclarar un aspecto: "Baza, gran ciudad, es la capital de la mancomunidad".
  - *Pausa potencial*: es la que hace el hablante cuando desea destacar alguno de los elementos del enunciado expresado: "¡El lunes iremos al cine!" o "¡El lunes! ¡Iremos al cine!".

Como la entonación se representa gráficamente mediante líneas, debemos trabajar un texto haciendo las modificaciones melódicas pertinentes y reflejando en él las correcciones que estimemos oportunas; no obstante conviene señalar que existen tantas excepciones como rasgos sociales y geográficos hay y que el factor de la espontaneidad debe estar siempre presente. La clave será el sentido y la intención que queramos otorgarle al texto.

El pedagogo y dramaturgo José Cañas Torregrosa ha compilado en *Taller de expresión oral* la forma de locutar correctamente y su representación gráfica, que completamos basándonos en el *Tratado de fonética y fonología española* del profesor Quilis y el trabajo de Mapi Ballesteros *La enseñanza de la entonación en el aula de ELE, paso a paso*.

Frases enunciativas

Su entonación termina con un tonema de cadencia. El descenso de la voz pone de manifiesto que tenemos la certeza necesaria para afirmar o negar algo. Existen distintas modalidades de oraciones enunciativas:

- Un solo grupo fónico: el tonema es de cadencia. Ejemplo: "Los tomates son rojos". ↓
- Dos grupos fónicos: el primero termina en anticadencia y el segundo en cadencia. Ejemplo: "Yo no digo esta canción ↑, sino a quien conmigo va". ↓
- Tres grupos fónicos: los dos primeros terminan en anticadencia y el último en cadencia. Ejemplo: "En el barco ↑, viene un marinero ↑, entonando una canción". ↓

Frases exclamativas

En este caso la entonación puede tener las tres variantes: cadencia, anticandencia y suspensión.

- Exclamación de cadencia: la usamos para expresar sentimientos de compasión, decepción, resignación, disgusto, admiración, amenaza, exageración y reproche. Ejemplo: "¡Qué noche tan extraordinaria!". ↓
- Exclamación de anticadencia: normalmente se presenta en expresiones que indican extrañeza, protesta, inconformidad, censura o reprobación. Ejemplo: "¡Pero si yo la vi antes que tú!". ↑
- Exclamación de suspensión: expresa estados de ánimo de fuerte alegría, dolor, entusiasmo, desesperación o admiración, hacia las personas o cosas de la cuales se habla. Ejemplo: "¡Me parece que no estamos preparados!". →

Frases con enumeraciones

Todos los grupos van con tonema de cadencia excepto el que se encuentra delante de ("y" u "o"), que lo tiene de anticadencia. Ejemplo: "El niño compró helados, ↓ regaliz, ↓ pipas, ↓ globos y ↑ unos caramelos". ↓

Frases interrogativas

En este caso la entonación puede presentarse de diferentes modos:
- Cuando la respuesta a la pregunta es sí o no, se describe una línea ascendente que sube progresivamente. Ejemplo: "¿Pintaste ese cuadro?". ↑
- Cuando la pregunta es muy larga y se divide en dos o más grupos fónicos, el último termina en tonema ascendente. Ejemplo: "¿Recuerdas los momentos alegres pasados en nuestras vacaciones en las faldas de la montaña?". ↑
- Cuando para responder hay que hacerlo con una frase que no es necesariamente afirmativa o negativa, el tono de la voz baja poco a poco. Ejemplo: "¿Quién es esa rubia?". ↓

Frases con dos puntos

Es variable y depende del tipo de frase. Si la oración necesita otra frase a continuación que le sirva para completar su significado, la línea melódica es de anticandencia. En caso contrario, la línea está en suspensión, es decir, el tono se mantiene. Ejemplo: "Y ella me gritó: ↑ te prometo que no volveré a hacerlo". ↓; "El paisaje es fascinante: → los árboles, los pájaros, la nieve y la casa".

Frases con puntos suspensivos

La línea de entonación marcada es recta, por tanto constantemente en suspensión. Ejemplo: "Me comería → ... me comería una helado gigantesco".

cinco
ACTITUDES PARA EL DOBLAJE
ALGUNAS ANOTACIONES

Seguramente la práctica del doblaje sea una de las disciplinas más exigentes con el uso de la voz. Contrariamente a lo que se piensa no es un requisito imprescindible contar con una voz fonogénica especialmente bonita, sino con otras cualidades de mayor relevancia.

No debemos perder de vista que los actores de doblaje, además de locutores de primer orden, son actores en toda la extensión del término: saben manejar la modulación de su voz en función de las exigencias del guión, el personaje y otros matices interpretativos, y el timbre únicamente es un recurso más.

El actor de doblaje Javier Dotú resume las habilidades que considera esenciales para ejercer esta disciplina:
- Conocer las actitudes dramáticas.
- Desarrollar una técnica vocal adecuada.
- Dominar la sincronización labial.

Hay pocos campos tan polémicos como el doblaje en el sector audiovisual. Aun cuando no es empresa de este trabajo analizar las distintas posturas sobre la necesidad de doblar producciones audiovisuales, resultaría inconcluso no pasar siquiera de puntillas para dejar constancia del debate que siempre lo ha acompañado.

Efectivamente durante muchos años nos fue negado el derecho a oír las versiones originales, predominando en determinadas ocasiones las variopintas "manipulaciones" que se venían perpetrando al traducir los textos, algo que, dicho sea de paso, también ha ocurrido con los subtítulos, ante la imposibilidad de comprimir en una o dos líneas diálogos de enorme calado. Afortunadamente la tecnología actual deja en nuestra mano la opción de escuchar voces originales o voces de actores españoles.

Las malas traducciones y modificaciones de los guiones originales son tan polémicas como el propio doblaje realizado por los actores españoles. Uno de los casos más conocidos de censura ocurrió en la película *Casablanca*. Pese a que había conseguido un óscar al mejor guión, el censor creyó que era imprescindible modificar el diálogo de Humphey Bogart y el prefecto de policía en estos términos. Así, pasó de *"En 1935 usted suministraba armas a Etiopía. En 1936 batalló en España al lado de los republicanos..."* a *"En 1935 introdujo armas en Etiopía. En 1938 luchó como pudo contra la anexión de Austria"*.

Desde luego los guiones de los años de dictadura está llenos de anotaciones de los censores. En Nashville de Robert Altam leemos *"sustituir pueden correrse un poco por pueden moverse un poco"*. En el guión de *Virgo, Tauro y Capricornio* el censor anota: *"Suavizar la conversación sobre el tamaño del pene del que se está duchando. En general en el doblaje deberán suprimirse todas las expresiones groseras y soeces"*.

Afortunadamente en el año 1978 se acabó la censura. Las modificaciones de guiones actuales responden a malas traducciones o a correcciones para que el texto del guión en español coincida con los movimientos labiales del actor.

Debemos asumir que el doblaje es una trampa más de las tantas que se realizan en el cine o la televisión, justo es que sea el propio espectador el que tenga en sus manos la opción de elegir.

Es cierto que, desde el punto de vista de la industria audiovisual, el doblaje siempre ha sido denostado, especialmente cuando se habla con actores o actrices que han sido doblados y que sienten una especie de "mutilación" de su trabajo. Este fenómeno es especialmente criticable en los años 70 cuando con asiduidad se doblaba a actores españoles con un físico atractivo, pero una voz y una interpretación manifiestamente mejorables. La realidad es que existen tantos casos de doblajes que han mejorado una interpretación, como tantos otros que directamente la han "masacrado".

Desde un ángulo crítico es difícil entender cómo una misma voz en español es válida para cinco, seis y hasta siete actores conocidos. Algo que resta credibilidad a los personajes doblados, solo tenemos que imaginar que todas las películas se hicieran con la misma banda sonora. Se nos exigiría entonces un rápido esfuerzo para no ver en la pantalla a quien no se quiere oír.

Pero al margen de polémicas, debemos aseverar con rotundidad que los profesionales del doblaje son, por lo general, grandes actores con una capacidad interpretativa envidiable y una ductilidad en sus voces absolutamente inigualable. Voces con timbres admirables, llenas de matices, de articulaciones perfectas y con una pátina de verosimilitud en cada palabra pronunciada. Voces que, en multitud de ocasiones, han llenado las pantallas, desmintiendo el dicho popular de que "vale más una imagen que mil palabras".

El doblaje que, contrariamente a lo que se piensa, se realiza en numerosos países de nuestro entorno, especialmente en televisión, es la grabación de una voz en sincronía con los labios de un actor de imagen o una referencia determinada, que imita lo más fielmente posible la interpretación de la voz original. La función del doblaje consiste únicamente en realizar sobre la obra audiovisual un cambio de idioma que facilite la compresión del público al que va dirigida. Esta definición, como veremos más adelante, excluye otro tipo de grabaciones como la sonorización o la traducción en sincronía.

5.1. Breve historia del doblaje

Producto de la necesidad de la industria audiovisual para no dejar "clientes" en el camino, la historia del doblaje está llena de grandes inventos y mucho talento.

El paso del cine mudo al cine sonoro supuso un hito a todos los niveles, sobre todo el comercial, puesto que el vasto mercado en el que se distribuían las producciones rodadas en EEUU se achicaba. En países donde el nivel de inglés era muy bajo, y el analfabetismo muy alto, la barrera idiomática era insalvable.

El fracaso del rodaje de dobles versiones con actores sudamericanos sustituyendo a las estrellas del momento, aguzó el ingenio de manera que dos ingenieros de la Paramount consiguieron en 1928 registrar por primera vez un diálogo sincrónico en alemán con los labios de los actores de la película *The Flyer*. Supuso el primer paso en el desarrollo del doblaje.

Un año después se puso en marcha el doblaje en castellano con actores sudamericanos en la película *Río Rita*, de Luther Reed. Pese a todo, no se obtuvieron los resultados esperados porque se sustituyó la banda de sonido original por un castellano artificial que aglutinaba distintos acentos sudamericanos que, en ningún caso, llegaron a convencer al público.

Lo más curioso es que los primeros doblajes en el castellano hablado en España no se realizaron en nuestro país, sino en Joinville-Le Pony, una localidad muy cercana a París donde la Paramount tenía su sede. Se fletaba un avión con los actores y actrices que participaban en los doblajes y se realizaba la grabación.

La primera película doblada en "nuestro español" se grabó en 1931 y se titulaba *Devil on the Deep* de Marion Gering; luego llegaron *Deleric* (1930), *Remordimiento* (1931), *Cuánto vale el dinero* (1931) y *Seis horas* (1932), entre otras.

En julio de 1932 se instauró en Barcelona el primer estudio de doblaje bautizado con el nombre de Trilla-La Riva Estudios Cinematográficos Españoles, mientras que en Madrid comenzaba a funcionar Fono España. *Rasputín* ha pasado a la historia como la primera película doblada en nuestro país.

Estudios como Orfea o Hugo Donatelli, ya desaparecidos, fueron auténticos pioneros en el balbuciente arte de doblar películas. Todas las grandes productoras no tardaron en doblar al español sus películas más importantes, incluso la prestigiosa Metro Goldwyn Mayer montó un estudio de doblaje en Barcelona, que cerró a finales de los años cincuenta. A partir de ese momento los estudios eran frecuentados con asiduidad por figuras del teatro, del cine y de la radio.

Con el paso de los años, los estudios en los que se practica el doblaje han ido aumentando con desigual éxito comercial y artístico. Además de las dos grandes escuelas citadas, Madrid y Barcelona, comienzan a hacerse especialmente series para televisión en Bilbao, Sevilla y Alicante.

La televisión ha sustentado la proliferación de estudios en los que, además de en español, se dobla en catalán, gallego o euskera para las distintas televisiones autonómicas.

5.2. El proceso

Toda la maquinaria se pone en marcha en el momento en el que la empresa distribuidora le comunica al estudio seleccionado el envío de una película junto a un paquete de datos como el argumento, la duración, el tipo de mezclas de sonido, etc. A partir de ese momento se elige a un traductor y un director, que suele hacer las veces de adaptador y que se encargará, a su vez, de seleccionar las voces de los actores y actrices de la película.

Desde que la película llega al estudio se suceden las siguientes fases hasta completar el proceso que culmina con la proyección en los cines:

- Traducción.
- Adaptación de diálogos.
- Pautado.
- Reparto de voces mediante prueba o casting.
- Grabación de voces en sala.
- Dirección de sala.
- Mezclas.
- Control del doblaje.
- Entrega del sonido de la versión doblada.

5.2.1. *La traducción*

Todo el mundo coincide en que la traducción es uno de los ejes principales sobre los que pivota un buen doblaje. Se busca una traducción lo más fiel posible al idioma original, en numerosas ocasiones cuasi-literal. La labor del traductor va mucho más allá de trasladar una palabra de un universo semántico a otro. Sabemos que las imágenes suelen enriquecer el texto y que, por tanto, deben tenerse presentes a la hora de transmitir una idea.

El guión no únicamente contiene palabras, sino que recoge elementos sociales y culturales imprescindibles para la comprensión global del mensaje y que es necesario incorporar para que la obra audiovisual se comprenda en toda su extensión.

Una buena traducción no es tarea fácil. Es sencillo comprobar que no existen dos lenguas en el mundo cuyos vocabularios coincidan exactamente palabra por palabra. De las variadas acepciones de una palabra, el traductor debe escoger aquella que se adecue con mayor fidelidad al contexto de la escena. Por eso lo más interesante, y ahí radica el talento, es traducir ideas y no palabras.

En los juegos de palabras, en los elementos culturales y sociales, el traductor busca en nuestro idioma una idea similar que encaje dentro del contexto de la obra y que tenga sentido. En la popular serie estadounidense Friends hay pasajes como este:

Rachel: *I know I had it this morning, and I know I had it when I was in the kitchen with...*

Chandler: *...Dinah?*

Rachel: *Sé que lo tenía esta mañana... sé que lo llevaba cuando estaba en la cocina con...*

Chandler: *...¿Arguiñano?*

No siempre los traductores son los máximos responsables de un cambio de idioma o, al menos, no los únicos responsables. La elección de los títulos de las películas es una labor del departamento de marketing siguiendo criterios estrictamente comerciales. La incuria con la que a veces se realiza esta tarea, el aprecio a todo lo que nos llega de EEUU o una actitud simplemente comercial, hacen que en ocasiones ocurran casos como el de *Rosemary's Baby (La semilla del diablo)*, *The Blues Brother (Granujas a todo ritmo)* o *Doctor Strangelove (¿Teléfono rojo? Volamos hacia Moscú)*. Sobran los comentarios.

En general, el colectivo de traductores, pese a la enorme trascendencia de su trabajo, no cuenta con el reconocimiento, ni económico ni social del sector a pesar de sustentar la primera piedra de una construcción técnico-artística de gran envergadura.

5.2.2. Adaptación de diálogos

Finalizada la traducción se inicia una de las tareas más desconocidas y laboriosas de todo el proceso de doblaje. Se trata del ajuste o adaptación de diálogos. El ajustador es la persona encargada de reescribir la traducción literal del guión sin que se vea alterado su contenido, con el fin de adecuarlo a los movimientos de la boca de los actores originales. Además del texto debe tener en cuenta los cambios de plano, su tamaño o la posición de los actores, de manera que posteriormente los incorpore al guión de trabajo de los actores de doblaje. Los ajustadores, elaborando este rompecabezas, son en gran medida, junto al actor de turno, los encargados de que la sincronización bucal pase desapercibida para el espectador y parezca absolutamente creíble.

Generalmente es el propio director de doblaje el que realiza la tarea de ajuste ayudándose del guión traducido junto con una copia de la película, serie o documental. Su tarea comienza con un primer visionado general de la obra y, a partir de ese momento, se busca sin perder coherencia la palabra precisa.

El ajustador memoriza una par de líneas de texto en español, a continuación prueba a repetirlas en voz alta al mismo tiempo que escucha la voz en la lengua original, intentando seguir el mismo ritmo, entonación y volumen. Resulta fundamental trabajar en voz alta porque la velocidad de lectura difiere con respecto a la lectura mental. También es necesario memorizar trozos del texto para centrar la atención en los labios de los actores de imagen y comprobar que efectivamente el texto encaja.

Puesto que los idiomas no tienen la misma longitud (el inglés por ejemplo, es más escueto que el castellano, el japonés totalmente distinto y el italiano más extenso), es necesario alargar o acortar el texto sin que pierda en ningún momento el sentido original.

Otro de los trabajos del adaptador pasa por modificar determinadas palabras, sustituyéndolas por sinónimos, para que los movimientos labiales encajen perfectamente. Los movimientos faciales para pronunciar "home", en poco se parecen a los de "casa".

El ajuste en una obra audiovisual tiene tanto peso que de no estar bien hecho descubre el "truco" y nos saca directamente de la trama. En ocasiones las críticas a un mal doblaje se centran en el cambio de significado o de sentido de un determinado diálogo que fue bien traducido, pero mal ajustado.

En la fase de adaptación también se preparan los diálogos correspondientes a los ambientes (*Ad Libs*, como se les llama en el argot del doblaje), que resultan de las escenas donde se oye el susurro casi ininteligible de varias personas, pero donde hay frases que se entienden perfectamente. Normalmente, los ambientes (*crowds*) de estadios, aeropuertos, almacenes, etc. vienen en la banda internacional (*M/E track*) para ser incorporados directamente a la mezcla de audio. Pero si es necesario que algunas frases se entiendan para asimilar mejor la trama, éstas se bajan de volumen y el mezclador las "tapa" con otras frases equivalentes en el idioma de la versión doblada. De este modo, el adaptador prepara unas frases concretas para grabar en sala e insertar en la mezcla cuando se incorporan a la misma los ambientes existentes en la banda internacional.

Finalmente, en esta fase del doblaje las distribuidoras suelen contar con un supervisor de diálogos que, en ocasiones, puede subsanar los fallos que hubiera en un diálogo.

5.2.3. Reparto de voces

El casting o reparto de voces es la prueba que se realiza para obtener la relación de actores a quienes se encarga el doblaje de los personajes de la película o serie. Generalmente, es el director o productor de la película quien solicita las pruebas de voz e indica los diferentes fragmentos que considera más apropiados para realizar las pruebas. La elección de voces debería obedecer exclusivamente a criterios de calidad, circunstancia que desgraciadamente, en perjuicio del espectador, no siempre se ha dado. Son incontables los casos en los que han cobrado mayor peso otros elementos ajenos a la práctica de la profesión. Quizá sea este uno de los lastres que ha arrastrado históricamente el doblaje: la crítica constante de ser un gremio cerrado de muy difícil acceso.

En gran medida, como ocurre en otros sectores en los que tiene un peso notable una vertiente artística, es una profesión de sagas familiares que ha pasado de abuelos a padres y de padres a hijos.

Junto con la prueba de cada actor se adjunta, en numerosas ocasiones, un currículum de cada uno de ellos que incluye la opinión del estudio. En todo este proceso, sobre todo en el cine, la opinión de los supervisores siempre ha tenido un papel preponderante a la hora de seleccionar el reparto.

Para realizar una buena prueba es recomendable, en primer lugar, que el encargado del casting visione la película varias veces. Un primer pase servirá para tener una idea general de la obra audiovisual, en un segundo vistazo se buscan características fonogénicas e interpretativas de cada uno de los personajes a doblar. En ocasiones también se anota la categoría del actor que se va a doblar en función de su protagonismo. Así por ejemplo en la planificación de *takes* de una serie para televisión pueden figurar estas distinciones:

- Categoría A: de 30 a 35 *takes*.
- Categoría B: de 16 a 29 *takes*.
- Categoría C: de 1 a 15 *takes*.

Es práctica frecuente que una misma voz doble varios personajes en una película, siempre que la suma total de sus intervenciones no supere un número determinado de frases. Son los llamados papeles de reparto.

Los propios estudios, con el objeto de rebajar sus costes, suelen tener en nómina un grupo de actores siempre dispuestos a prestar su voz a cualquier personaje, a precios nada comparables con otros actores del gremio.

Cuando el actor o actriz son muy conocidos, para mantener la credibilidad se suele respetar siempre los mismos profesionales del doblaje, de manera que actores como Tom Cruise o Bruce Willis, siempre tienen la misma voz.

El público en general suele rechazar otros timbres de voz distintos a los que no está habituado, aunque el doblaje esté perfectamente realizado.

5.2.4. Pautado o takeo

Una vez superada la fase de ajuste del guión se pasa al pautado, que consiste en hacer divisiones proporcionales de los diálogos, guión en mano y vista la obra audiovisual. A cada una de estas porciones en las que se divide la película para su doblaje se la denomina *take*, o toma, en castellano. Esta es la unidad elemental de trabajo que se emplea tanto en la organización de técnicos y actores como en su remuneración, por lo que en la división deben tenerse en cuenta criterios interpretativos y funcionales.

El *take* es la forma de pago convencional empleada también para confeccionar la agenda de trabajo donde se establecen las convocatorias a las que deben acudir los actores, agilizando de este modo la organización. Se cita, por tanto, a los actores en función de su disponibilidad, al igual que ocurre con el rodaje de una película. En numerosos casos se reúnen todos los *takes* en los que debe intervenir un mismo actor, lo que hace que, en algunas grabaciones, no haya réplica en los diálogos, únicamente la soledad de un único actor frente al micrófono.

Cada uno de los actores de doblaje realiza su parte del guión sin tan siquiera ver al resto de compañeros. Esta práctica habitual, desaconsejada desde el punto de vista artístico y posibilitada por los medios técnicos actuales, es muy beneficiosa desde una vertiente económica.

Los actores, además de cobrar por el número de *takes* doblados, lo hacen por convocatorias, por lo que los estudios intentan rebajar al máximo el número de citas para rentabilizar el trabajo.

Como media, puesto que va a depender de la complejidad de la escena a doblar, se suelen hacer alrededor de 25 *takes* en televisión y 8 en cine en una hora, un ejemplo más de que los doblajes en televisión se resienten en no pocas ocasiones.

Un *take* se compone de entre ocho y diez líneas de guión siempre que intervengan varios personajes y un máximo de cinco para cada uno de ellos. Cada línea constará de un máximo de sesenta espacios mecanografiados, incluyendo separaciones y signos de puntuación. Es curioso que un *take* pueda llegar a estar formado únicamente por un monosílabo, un suspiro o la interjección de un personaje y sin embargo el actor que le pone voz cobre la misma cantidad que otro que tuviese cinco líneas.

5.2.5. *Dirección de sala*

En el doblaje, como ocurre con el rodaje de una película o una serie, el máximo responsable de llevar a término el trabajo es el director.

En esta figura recae gran parte de las tareas necesarias para que el resultado final sea satisfactorio, hasta el punto de convertirse en el primer "control de calidad" que pasan los *takes* una vez doblados. Su papel es tan importante que el propio convenio sindical del gremio ya refleja claramente sus funciones.

Con un primer visionado de la obra, el director comienza a formarse una idea de los actores que pueden prestar sus voces a los originales que aparecen en pantalla o, en todo caso, los que tengan que intervenir en una prueba de voz, si bien como es lógico será el cliente el que finalmente tenga la última palabra.

Una vez alcanzado un acuerdo con la empresa, planifica todo el trabajo e incluso, si no existe ayudante de dirección, contabiliza los *takes* de más o de menos que se realicen por alteraciones de las previsiones iniciales.

Superado todo el trabajo previo, ya en sala, su labor consiste en dirigir artísticamente a los actores, supervisando todo cuando hacen, comprobando en todo momento que la interpretación es la adecuada y el texto, una vez grabado, se ajusta al original quedando entendible y con la dosis de expresividad que requiera.

Puesto que los actores no disponen del guión hasta momentos antes de su intervención, el director se encarga de ponerlos en antecedentes haciéndoles un perfil del personaje que van a doblar y dándoles las claves de por qué se comportan y actúan de una manera determinada.

5.3. Conceptos relacionados con el sonido audiovisual

A continuación describimos los más importantes:

5.3.1. *Autodoblaje*

La principal diferencia con el doblaje radica en que el actor que realiza el doblaje y el original coinciden. En la mayoría de los casos esta práctica la realizan actores que filman en un idioma distinto al suyo y son ellos mismos los que posteriormente se encargan de doblarse.

Se busca en todo momento la credibilidad y, al tratarse de actores con una voz familiar en su idioma nativo, a oído del espectador resulta chocante escucharlos doblados por otros actores con timbres distintos.

También es una práctica habitual que el mismo actor doble su personaje en las distintas lenguas de nuestro país. Dada la complejidad del doblaje para obtener un resultado óptimo, algunos actores deciden dejar ese asunto en manos de profesionales, al comprobar que el trabajo final no arroja los resultados deseables.

5.3.2. Sonorización en sincronía

En este caso, la fase de traducción o ajuste no es necesaria puesto que los idiomas de origen y final son los mismos.

En numerosos casos es una técnica muy utilizada en la elaboración de anuncios publicitarios.

Se recurre a la sonorización en sincronía porque se busca transmitir la mejor sensación posible en todos los aspectos: planos muy cuidados, imágenes selectas y voces que transmitan las bondades del producto que se quiere vender.

Otro de los motivos que inducen a esta práctica, muy común en la filmografía española de los años 60 y 70, es que la voz e incluso la interpretación del actor original no es del agrado del director de la obra.

5.3.3. Postsincronización

Se trata de una técnica muy empleada en el mundo audiovisual, puesto que gracias a ella se puede mejorar notablemente la calidad del sonido de algunas producciones. Mediante este proceso se registra el sonido de algunos fragmentos determinados de una obra que, en el momento concreto de la filmación, por algún motivo determinado, no se han podido registrar o su calidad es deficiente. Ocurre, por ejemplo, cuando se rueda una escena a gran distancia del lugar en el que transcurre la acción y posteriormente se incorpora el sonido.

En lo que hace referencia a la voz, la postsincronización debe acometerla el mismo actor original que ha realizado la interpretación en pantalla. Se trata de lograr la misma sincronización de sus palabras con los gestos y movimientos de sus labios.

5.3.4. Sonorización

La Real Academia de la Lengua Española entiende por sonorizar la incorporación de sonidos a la banda de imágenes previamente dispuesta.

De igual manera, se entiende como sonorización la incorporación de la voz a un anuncio publicitario, a un documental, un reportaje o una pieza informativa siempre y cuando no sea necesaria la sincronía con la persona que pudiera aparecer en un momento determinado en pantalla.

Aunque no es necesaria la citada sincronía labial, es imprescindible la coherencia de las imágenes que estamos visionando con la voz. De este modo debe existir una estrecha relación entre lo que estamos viendo y lo que al mismo tiempo escuchamos.

Lo más destacado de la sonorización es que no es necesaria traducción alguna, puesto que se trabaja en un mismo idioma.

5.3.5. *Traducción en sincronía*

La principal diferencia respecto a la sonorización es que es necesaria una traducción del idioma de origen al idioma final, si bien no hay sincronización labial. Es el caso, por ejemplo, de numerosos documentales filmados y sonorizados en un idioma distinto al nuestro que acaban viéndose en nuestro país.

Una vez traducido el texto se incorpora la voz, manteniendo con la velocidad de locución una estrecha interrelación con las imágenes.

seis
LOCUCIÓN AUDIOVISUAL

De manera muy acertada el profesor de Comunicación audiovisual, Ángel Rodríguez Bravo, asegura que *"la voz es ese material expresivo, plástico, resistente y versátil con el que se configura la estructura central de la radio. Es el hormigón que sustenta la programación, el cemento que une músicas, sonidos y noticias configurando informaciones; es la escayola que dibuja la forma final, la decoración que embellece o afea la superficie externa de cada idea que salta a las ondas. Pero la voz es, ante todo, un material delicado de uso difícil que exige conocimientos técnicos profundos, entrenamiento y pasión"*.

Podríamos pensar que en televisión el enorme poder de la imagen acaba eclipsando el peso específico de la voz, pero nada más lejos de la realidad: la voz ilustra y acompaña a la imagen. A pesar de la importancia de ambos medios, la locución es uno de los aspectos menos considerado en la formación de futuros periodistas y comunicadores. Las escuelas y facultades suelen ignorar el entrenamiento adecuado de los futuros locutores.

Por lo general, la mayoría de los periodistas que acaban trabajando en el campo audiovisual aprenden a locutar imitando a los propios compañeros, con todo lo que implica, puesto que los mismos defectos y vicios de unos acaban pasando a los otros.

Existen numerosos estudios, como el elaborado por la profesora Emma Rodero, en el que se pone de manifiesto algo que el propio sentido común apunta: la locución es un factor determinante a la hora de calificar un producto radiofónico o televisivo. El oyente o espectador no duda en calificar de agradable, convincente o cercano un programa con un modelo de locución correcto, frente a calificativos como desagradable o monótono en el caso de locuciones claramente mejorables.

Tanto en la radio como en la televisión, lo que podríamos definir como "puesta en escena", tiene tanta importancia como el propio mensaje. Por tanto la percepción y comprensión de la audiencia está determinada no sólo por el contenido, sino también por la forma en la que se presenta.

Pensemos que una obra de teatro. Sobre el papel puede ser magnífica, pero si los actores son pésimos, los decorados paupérrimos y la interpretación nada creíble, el resultado final no será el deseado.

Si queremos que el mensaje en los medios audiovisuales llegue con garantías, es preceptivo transmitirlo de la mejor manera posible, lo que implica que la locución sea natural y correcta en todo momento.

6.1. Defectos comunes en los locutores

Para empezar, es conveniente evitar algunos de los errores que se comenten con mayor frecuencia cuando nos enfrentamos a un micrófono. La audiencia, y así lo demuestran numerosos estudios, rechaza de plano los excesos y, sin embargo, a diario escuchamos a locutores alejados de la manera habitual en la que todos nos expresamos. El "soniquete" de algunas locuciones raya en ocasiones lo ridículo. Una especie de "canturreo" que ha pasado a tener incluso más importancia que el propio mensaje que se transmite en el caso de algunos programas de televisión. El defecto consiste en repetir de manera regular una determinada melodía que no guarda relación alguna con el contenido. Sin embargo, cuando el modelo de locución es natural, no reclama nuestra atención y por tanto nos concentramos más en el contenido. Como ocurre con el doblaje, la mejor locución es aquella que pasa absolutamente desapercibida. Justo es valorar un timbre de voz bello pero, desde luego, es inadmisible desatender el mensaje por la negligencia del mensajero.

Junto a la naturalidad cobra relevancia la variación: nada peor que una locución aburrida. Algunos autores han cifrado en un diez por ciento la disminución de la comprensión del discurso cuando la monotonía se apodera de él, por no citar la somnolencia que causa en los sufridos "escuchantes".

Los oyentes o espectadores necesitan constantes reclamos de interés para no aburrirse, aunque, como hemos matizado, esos cambios deben hacerse con naturalidad y no como si cantásemos una zarzuela. Los cambios de velocidad, de tono o de fuerza acaban consiguiendo el interés del oyente.

Otras veces ocurre que el tipo de entonación empleada es artificial y circunfleja hasta el punto de incumplir todas las funciones lingüísticas. En lo que hace referencia al acento se subrayan con notable énfasis palabras que carecen de importancia en el mensaje. El golpe de *stacatto* produce una locución brusca, como si estuviésemos dando saltos.

La profesora Emma Rodero ha publicado un estudio comparativo de la velocidad de locución en distintos informativos tanto de televisión como de radio. Las conclusiones son esclarecedoras: todos los espacios analizados se mueven alrededor de las 200 palabras por minuto, algo extremadamente grave que limita la compresión del texto.

Capítulo aparte merece el asunto de la respiración. En cualquier escuela de locución, las sesiones para adquirir los hábitos de una respiración completa y una postura adecuada son innumerables. En un elevado porcentaje de locutores de radio y televisión se aprecia el sobreesfuerzo que realizan. Los presentadores de televisión dejan ver con claridad la tensión importante a la que está sometido el cuello. Realizan inspiraciones desagradablemente sonoras y dosifican mal el aire, lo que implica que se agoten antes de llegar al punto final de la frase.

Lejos de conseguir una respiración fluida y una cantidad de aire suficiente para emplearla en función de las necesidades que nos demanda el texto, la carencia de una técnica adecuada, además del sobresfuerzo al que sometemos nuestro aparato fonador, puede llevarnos a cambios tonales que a oídos del espectador u oyente resultan ridículos.

6.2. Algunas sugerencias

Por lo general, como ocurre en todas las disciplinas, el sentido común también tiene aquí un peso notable. Sin embargo, algo que en principio puede parecernos tan obvio se convierte en no pocos casos en un empresa inalcanzable.

Somos locutores y, al mismo tiempo, oyentes o espectadores. Por tanto, debemos aguzar nuestra actitud crítica en una doble vertiente: la primera de ellas buscando la profesionalidad cuando nos enfrentamos a un micrófono; la segunda, dando un paso atrás para enjuiciar como oyentes nuestra labor y la de otros locutores.

Puesto que hemos aseverado que aprendemos por imitación en gran medida, busquemos modelos en los que la locución sea impecable. Es conveniente aprender de los buenos locutores y no dejarse embaucar por los mediocres.

En referencia al tono, debemos asumir que todos los estudios publicados establecen que las voces más agradables son las graves porque se suscita mayor credibilidad, confianza y seguridad frente a voces más aflautadas que pudieran parecer más inmaduras y por tanto asociadas a lo infantil. En consecuencia, es recomendable emplear en los medios audiovisuales y especialmente en los informativos, donde la credibilidad es un valor fundamental, un tono grave.

El tono modulador debe estar en la tesitura más baja sin que suene impostado o "envarado". Ni por exceso, ni por defecto. Una voz falsamente grave transmite una sensación desagradable que resta credibilidad al locutor. Este error es muy común en los hombres.

La locución debe transmitir seguridad en todo momento, por eso es fundamental que nuestro timbre sea resonante, claro y brillante.

Las voces apagadas y oscuras que transmiten una evidente falta de energía y que rompen la armonía crean rechazo por cuanto no se consigue el clima de "confianza" necesario.

En este sentido, nuestra voz debe sonar con una intensidad enérgica que transmita credibilidad y confianza. No debe ser ni demasiado alta, ni demasiado baja. Como ocurre con otras tantas facetas, en el término medio hallamos la virtud, especialmente cuando un micrófono es capaz de amplificar cualquier sonido, indistintamente de nuestro volumen; por ello la intensidad ha de ser la justa para evitar sensaciones de desidia o timidez.

La entonación es uno de los factores más importantes en la transmisión del mensaje, por ello es obligado su correcto aprendizaje, siendo la entonación deficiente uno de los defectos más comunes que encontramos en los locutores. Bajo ningún concepto se justifica la ruptura de las unidades melódicas, puesto que desvirtuamos gravemente el sentido del mensaje. No deben aparecer pausas después de las palabras átonas, ni tampoco entre elementos con cohesión sintáctica y semántica.

Los oyentes somos capaces de descifrar un mensaje no tanto por la estructura sintáctica de la oración como por la cadena de sonidos del habla. Cuando escuchamos a un locutor no estamos descifrando jeroglíficos, ni debemos hacer un alarde adivinatorio para saber qué nos quiere decir.

Imaginemos por un momento un locutor narrando una catástrofe aérea con la misma entonación con la que relataría que el gordo de navidad ha tocado en su localidad natal. Obviamente hace falta la concordancia entre el texto y el nivel de entonación si queremos evitar contradicciones entre contenido y continente que dificulten en extremo la asimilación del mensaje. Toda palabra puede tener distintos significados según la forma melódica en la que se pronuncie. Debemos otorgarle la carga emocional que requiera el texto en la confianza del valor afectivo que causa en el oyente.

Se hace necesaria, por tanto, la construcción de una locución equilibrada y sostenida, pero desde luego no lineal. De nuestra actitud depende, en parte, el posicionamiento del oyente. Si estamos demasiado secos se producirá cierto distanciamiento y si somos excesivamente risueños restaremos credibilidad.

Aunque las locuciones de radio suelen ser más rápidas que las de televisión, en gran medida porque no están sujetas al ritmo de la imagen, por lo general, como ha quedado sobradamente justificado, la velocidad es excesiva, lo que implica que se transmita una sensación agobiante de atropello. No debemos superar las 170 palabras por minuto aunque, como ocurre en numerosas ocasiones en las emisiones en directo, el tiempo nos acucie. En todo caso ese será el resultado último de una mala planificación de guión. Sin embargo, tan malo es correr como hacerlo siempre al mismo ritmo; deberemos adaptar al significado de cada parte del mensaje para que el resultado final sea ágil y comprensible.

Lo más curioso es que se han publicado distintos informes que ponen de manifiesto que no se locuta a la misma velocidad a primeras horas del día que por la noche. Por la mañana es más efectiva una locución ágil y rápida, con mayor ritmo que por la noche.

Los oyentes de la BBC durante la Segunda Guerra Mundial se quejaban continuamente porque, al locutor de noticias Frank Philips, no se le entendía con la misma claridad por la tarde que por la mañana. Tras largos estudios llegaron a la conclusión de que sus locuciones debían alcanzar una velocidad de 170 palabras por minuto durante la mañana y de 125 por la tarde.

En la siguiente tabla sintetizamos las características que debe cumplir una buena locución y los errores que debemos evitar.

Características	Rasgos positivos	Rasgos negativos
Tono	Tesitura natural	Tono modular falsamente grave resta credibilidad
Timbre	Resonante, claro, brillante	Las voces apagadas y oscuras transmiten desidia
Intensidad	Equilibrada para transmitir credibilidad y confianza	El exceso de intensidad sugiere nerviosismo. El defecto: timidez o desidia
Velocidad	Nunca debemos superar las 180 palabras por minuto	El exceso de velocidad hace que el mensaje sea ininteligible
Entonación	Construcción equilibrada y sostenida	Si es lineal, el oyente pierde interés

La dicción de nuestras locuciones merece un capítulo aparte dada su importancia. Como hemos señalado reiteradamente en varios capítulos, el respeto al oyente o al espectador nos conduce a poner en práctica una pronunciación correcta para que se entienda todo sin dificultad.

A pesar de la rotundidad de tan elemental afirmación, son incontables los casos en los que escuchamos locuciones difícilmente comprensibles en radios o televisiones, bien porque se arrastran palabras enlazando unas con otras o porque su acento nos resulta extraño.

La radio requiere especialmente una dicción pulcra por su fugacidad. A diferencia de la lectura de un periódico que podemos repetir tanto como deseemos hasta entender lo escrito, o de los mensajes de televisión fielmente acompañados de la imagen, en la radio no hay vuelta atrás. Lo que deja de entenderse, acaba perdido en el aire. Por eso es tan necesario esmerarse en procurar a nuestros oyentes el fácil entendimiento de la palabra sin esfuerzos adicionales.

La supresión y modificación de consonantes, como la d por la z, o la eliminación de algunas de ellas cuando se repiten, son errores muy comunes que debemos evitar.

La personalidad es un sello inconfundible con los rasgos y peculiaridades propias del locutor: el aplomo, el poder de persuasión y la facilidad para lograr cierta empatía. El oyente o espectador hace constantemente juicios de valor que debemos de encajar con naturalidad. No siempre podemos gustarle a todo el mundo.

El siguiente esquema pone de manifiesto las diferencias entre una locución para un informativo y un magacín. Las intenciones del mensaje marca la diferencia:

Informativo	Magacín	Características
Tesitura más baja que alcancemos sin perder credibilidad.	Tesituras variadas en consonancia con las intenciones del texto.	Tono
Evitando la monotonía, curvas neutrales, haciendo hincapié en las ideas que transmita el texto. Escasa inflexiones.	Tonemas ascendentes y descendentes muy marcados con inflexiones variadas.	Curvas melódicas
El nivel de importancia es bajo en aras del mensaje.	El más redondo y bello posible.	Timbre
Ritmo poco variado y rápido sin superar las 180 palabras por minuto.	Ritmo y velocidad variada, con gran distancia entre picos.	Velocidad

6.3. Ejemplo de textos para radio y televisión

Los textos para radio o televisión suelen presentarse con distintos formatos, en función de la aplicación de un guión cerrado, abierto, mixto, americano, etc.

El siguiente ejemplo corresponde al guión de un documental cultural, por tanto la locución debe ser pausada y con unas curvas de entonación muy ágiles.

Las rutas del Legado Andalusí
CAPÍTULO 0: Prólogo/Presentación

Loc 1/OFF:
   Casi ocho siglos de permanencia de los musulmanes en la Península Ibérica han conformado una herencia, la andalusí, que forma parte de las señas de identidad de la cultura española y mediterránea.
   La Fundación El Legado Andalusí pretende recuperar, difundir y revalorizar esa herencia de Al Ándalus destacando aquella impronta de progreso, de creatividad e ingenio.
   Andalucía es un enclave privilegiado por la geografía y la historia, un lugar en el que desde hace siglos coinciden y se cruzan los grandes flujos mediterráneos. Su condición de puerta y puente entre continentes le permite ser punto de encuentro de pueblos, creencias y culturas e impulsar el diálogo y la colaboración entre Europa y el norte de África.
   Un tiempo y una historia que tanto han contribuido al renacer de Europa.

Total F.P 22 seg.
   Empieza: La Fundación pública legado Andalusí es una...
   Acaba: ...pone también en valor a Granada.

Loc1/OFF:
   Entre los objetivos que se plantea la Fundación Pública Andaluza El Legado Andalusí se encuentra la revalorización y difusión de la civilización hispano-musulmana a través de sus manifestaciones históricas y sociales con el mundo árabe, el entorno mediterráneo e Iberoamérica.
   Estos propósitos se llevan a cabo a través de acciones que están enfocadas hacia la difusión del papel histórico que España y Andalucía han jugado como puente cultural entre Oriente y Occidente e Iberoamérica, gracias a una historia común compartida, que puede contribuir al conocimiento de otras culturas.

Sin embargo, si afrontamos la locución de un texto puramente informativo para un medio como la radio, nuestra actitud frente al micrófono es bien distinta. Tratamos de transmitir credibilidad y seriedad. Las curvas de entonación son suaves, aunque sin llegar en ningún caso a la denominada "lectura plana".

Pieza: Lucha contra la crisis del pepino
   Duración: 1' 30"
   Redactor: Javier Vílchez

   Loc: La compañía granadina de Pollos Arenas y la Sociedad Cooperativa "El Grupo" están repartiendo de forma gratuita pepinos. Una iniciativa que surge para demostrar la calidad de los productos de la provincia.
   Lora: Así es como muchos granadinos se han beneficiado de una iniciativa que demuestra que estos productos son de primera calidad.

Tren de cortes de consumidores encadenados 43 seg
 Empieza: No podemos hacer...
 Acaba: ....la idea es muy clara.

Pollos Arenas y la Cooperativa "El Grupo" unen de esta forma sus fuerzas para demostrar a los consumidores que los productos de Granada y de la provincia son beneficiosos para la salud. 100.000 kilos de pepino que serán repartidos de forma gratuita por la compra de un pollo. Una forma, como asegura Guillermo arenas, gerente Cash Alhambra, de responder a las consecuencias que ha producido la crisis del pepino.

Corte Guillermo Arenas 25 seg
 Empieza: Para nosotros era una...
 Acaba: ...Todos tenemos que echar una mano.

Una forma de agradecer la confianza de los consumidores puesta en estas empresas y en el pepino y una fórmula para no quitarle un ingrediente indispensable a nuestra gastronomía.

SEGUNDA PARTE

siete
EJERCICIOS PRÁCTICOS

Hemos analizado los resortes que empleamos para producir la voz a partir de una simple respiración inicial. Los ejercicios prácticos propuestos deben incentivar otros planos distintos. El punto de partida es una respiración correcta que nos permita sacar el mayor rendimiento posible a nuestra voz.

Puesto que en la fonación una parte es puramente mecánica como ocurre en la articulación, en la que intervienen hasta un centenar de músculos, algunos ejercicios tratan de mejorarla con el objetivo último de contar con una dicción clara y precisa que nos aleje de sonidos ambiguos. Debemos colocar la voz adecuadamente con el objetivo de conseguir el mayor rendimiento posible realizando el menor esfuerzo.

Tampoco podemos desdeñar el plano emocional en la producción de un sonido. Necesitamos que los distintos elementos que intervienen en la fonación estén relajados y predispuestos a nuestros mandatos. Los nervios nunca fueron buenos para nada, aunque cierta tensión nos ayude a mantenernos concentrados.

Es importante señalar que los músculos tiro-aritenoideos, empleados en la constricción de la glotis (cuerdas vocales inferiores), solo podemos controlarlos voluntariamente de manera parcial, ya que intervienen activamente tanto el oído medio como el interno.

Cuando el oído percibe el tono determinado de un sonido, transmite una orden a las cuerdas vocales que, inmediatamente, adquieren la tensión necesaria para producir la frecuencia de vibración requerida sin que seamos conscientes de ello. Así justificamos "el mal oído" para cantar de muchas personas o el problema de los sordos de nacimiento, incapaces de articular palabra alguna. Por tanto, los intentos de "ayudar" conscientemente a nuestras cuerdas vocales resultan contraproducentes; no obstante la clave consiste en conseguir que nuestras cuerdas perfectamente hidratadas vibren con toda libertad, controladas auditivamente y bajo ningún concepto mediante movimientos musculares de garganta.

Finalmente, y no por ello menos importante, necesitamos contar con una lectura expresiva adecuada para comprender el mensaje con todos sus matices. Debemos emplear inflexiones, cambios de velocidad o modulaciones variadas que, a fin de cuentas, demuestren los sentimientos escondidos en cada una de las palabras que pronunciamos. Algo que, desde luego, bien saben los actores de doblaje, los oradores "profesionales" o los actores o actrices, en general es que no suena igual la frase "Te quiero con toda mi alma" que "Te odio con todas mis fuerzas".

Muchos de los ejercicios propuestos a continuación se presentan como juegos con el fin de hacerlos más divertidos, lo que no resta eficacia en ningún caso.

7.1. Ejercicios preortofónicos. Relajación

La emoción que altera la serenidad de nuestro estado de ánimo afecta a los movimientos musculares del aparato fonatorio y se manifiesta en la entonación, o sea, en el tono de la voz. Como dejó escrito Lope de Vega *"mal puede tener la voz tranquila quien tiene el corazón temblando"*.

La primera norma para relajarnos es que no hay normas. Cada uno de nosotros somos únicos, de modo que lo que para unos funciona quizá para otros no sea tan eficaz. Aunque inicialmente la relajación pretendía únicamente eliminar el estado de tensión de la musculatura, ahora, en un sentido mucho más amplio, también se extiende a nuestro estado emocional.

Existen muchas técnicas de relajación (Jacobson, Yoga, Schultz, etc.) y todas pueden ser de gran utilidad. No debemos perder de vista que el resultado final es mantener las tensiones lejos de nosotros y especialmente conseguir la relajación de las zonas que intervienen en la fonación como cuello, tórax, hombros, mandíbula, etc.

Preservaremos en todo momento la posición de la laringe en el tramo vertical, puesto que una buena voz depende, en gran medida, de la forma en que la corriente aérea espiratoria transita por el espacio glótico y se proyecta hacia el exterior. Debemos favorecer la coordinación de los músculos que intervienen en la respiración. La posición equilibrada de nuestro tronco influye en la regulación del tono muscular.

A continuación proponemos algunos ejercicios de relajación y desarrollo de nuestra musculatura:

Ejercicio 1
La postura adecuada para locutar es la erguida (aunque si es necesario, en casos puntuales como ocurre con los locutores de radio, se podrá estar sentado) con los pies

ligeramente separados y el peso del cuerpo distribuido de igual manera entre ellos. Es muy importante que la columna vertebral esté estirada, con los hombros relajados y la cabeza elevada pero alargando la nuca, nunca la barbilla. Todos los ejercicios se realizan con inspiración nasal y espiración bucal. Nuestro cuerpo agradece un aire limpio y templado.

La lengua debe situarse plana y tocando los dientes inferiores. Es aconsejable practicar varias repeticiones de cada uno de los ejercicios que, en cualquier caso, podremos combinar a nuestro antojo.

Ejercicio 2
Comenzamos inclinando la cabeza hacia delante. La llevamos hacia atrás lentamente al tiempo que inspiramos. Volvemos a la posición inicial espirando.

Ejercicio 3
Giramos hacia la derecha la cabeza mientras practicamos una inspiración suave y espiramos al girarla a la izquierda. Estos dos primeros ejercicios conviene hacerlos suavemente y con extremo cuidado para evitar posibles tensiones musculares.

Ejercicio 4
En la misma postura en la que hemos practicado los ejercicios anteriores, flexionamos lateralmente el cuello hacia la derecha acercando la oreja al hombro mientras inspiramos. Espiramos al flexionarla hacia la izquierda.

Ejercicio 5
Realizamos un movimiento diagonal de cabeza, elevando la cara hacia el ángulo superior derecho mientras inspiramos y bajándola hacia el ángulo inferior izquierdo espirando. Practicar este mismo ejercicio modificando la trayectoria de ejecución.

Ejercicio 6
Estiramos ahora los músculos laterales del cuello, especialmente el esternocleidomastoideo, por lo general tenso y acortado si la cabeza está desplazada hacia delante. En posición de sentados, inclinaremos la cabeza hacia la derecha alargando el cuello como si nos tiraran de la oreja hacia arriba. Probamos el ejercicio con ambos lados.

Ejercicio 7
Elevamos los hombros mientras inspiramos, retenemos el aire unos segundos y los bajamos suavemente mientras espiramos.

Ejercicio 8
Inspiramos mientras llevamos los hombros hacia atrás, retenemos unos segundos el aire y volvemos a la posición inicial espirando.

Ejercicio 9
Inspiramos haciendo un movimiento de rotación de hombros hacia arriba y atrás, retenemos el aire unos segundos y espiramos volviendo a la posición inicial por detrás y hacia abajo.

Ejercicio 10

Comenzamos a rotar los hombros en círculos pequeños en el sentido de las agujas del reloj. En cada giro aumentaremos el diámetro del círculo, creando una espiral. Practicaremos el mismo ejercicio modificando el sentido de la rotación.

Ejercicio 11

Ambos brazos relajados. Los dedos de las manos cruzados y palmas mirando hacia arriba. Elevamos los brazos lentamente hasta situarlos por encima de la cabeza al tiempo que rotamos nuestras manos. Iniciamos una respiración honda que concluiremos una vez tengamos los brazos lo más extendidos posible. En la segunda parte del ejercicio desentrelazamos los brazos y expulsamos progresivamente el aire al tiempo que bajamos los brazos, creando con ellos un gran círculo imaginario.

Ejercicio 12

Entrelazamos las manos estiradas en la espalda con las palmas hacia arriba. Ejercemos fuerza con las manos hacia abajo y presionamos los omóplatos. Debemos sacar el pecho y mantenerlo así de diez a veinte segundos. Sentiremos como se estira la parte superior de nuestros brazos y tórax.

Ejercicio 13

De pie o sentados entrelazamos las manos por detrás de la cabeza, justo encima de la nuca. Tiramos de la cabeza hacia abajo hasta hacer que el mentón toque el pecho.

Ejercicio 14

Apoyamos la espalda en la pared y estiramos los brazos al costado del cuerpo. Intentamos establecer la mayor cantidad de puntos de contacto de la columna contra la pared. Bajamos lentamente la cabeza, vértebra a vértebra, hasta despegar solamente la parte superior de la espalda.

Ejercicio 15
De pie, extendemos ambos brazos verticalmente por encima de la cabeza y entrelazamos las manos. En ese momento tiramos de los brazos hacia arriba.

Ejercicio 16
Tensamos los músculos situados alrededor de la zona del estómago como si estuviésemos preparados para recibir un golpe. Debemos mantener esa posición durante cinco segundos. Después nos relajamos sintiendo la laxitud de la musculatura abdominal.

Ejercicio 17
Cruzamos los brazos en la espalda en diagonal hasta tocarnos la punta de los dedos de las manos. Inclinamos el tronco hacia el lado contrario al brazo que tenemos arriba para provocar la hipertensión de la escápula y la axila de ese lado. Invertimos la posición de los brazos para estirar el costado contrario.

Ejercicio 18
Sentados sobre una superficie plana flexionamos las piernas hasta juntar las plantas de los pies con la ayuda de las manos. En esta posición respiramos lenta y ampliamente notando la contracción y expansión del vientre y caja torácica. Con la práctica de este ejercicio conseguimos la distensión de la cintura lumbar y la pelvis a través de la respiración.

Ejercicio 19
Quizá esta propuesta sea poco ortodoxa pero, desde luego, es muy efectiva para el objetivo que perseguimos y que no debemos olvidar: relajarnos, divertirnos y mantener nuestro abdomen, labios, músculos en general y cerebro en particular en una predisposición óptima.

Ahora toca correr. En el interior de la habitación en la que estemos y siempre que haya espacio suficiente, correremos alocadamente y sin destino alguno. Cada vez que toquemos algún objeto emitiremos un sonido (con cuidado de no causar daño alguno en nuestra laringe).

Ejercicio 20

En posición básica de pie, con las piernas ligeramente separadas, iniciamos un balanceo lateral del tórax, que se traducirá en un amplio balanceo de los brazos. Debemos procurar que el tórax se desplace todo lo que podamos en cada movimiento. Detenemos el balanceo poco a poco hasta acabar en la posición inicial. La articulación del hombro debe posibilitarnos movimientos amplios y sueltos de nuestros brazos.

Ejercicio 21

Vamos ahora a relajar una zona tan importante como la cara. Dado que empleamos gran parte de nuestra musculatura facial en la fonación, conviene prestarle especial atención. Para empezar escrutamos con nuestras manos toda la cara con suavidad, ejerciendo una presión placentera y estimulante, imaginando que tocamos una máscara. Desde las orejas a la nariz pasando por las cejas.

Ejercicio 22

Hacemos una especie de "tecleo" con las yemas de los dedos en las sienes y el contorno de ojos. No se trata de presionar, sino de tamborilear para que los músculos se descontraigan.

Ejercicio 23

Nos pellizcamos suavemente las cejas empezando desde la intersección con el inicio de la nariz y hacia fuera. Cogemos aire y lo soltamos lentamente cada vez que nos presionemos.

Ejercicio 24

Pellizcamos ahora las mandíbulas y los carrillos haciendo una pinza con el pulgar y el índice de cada mano.

Ejercicio 25

Movemos circularmente los dedos alrededor de las fosas nasales para mejorar la entrada del aire.

Ejercicio 26

Forzamos la gesticulación de toda la cara y el resto del cuerpo simulando que estamos viendo algo asombroso. Repetimos varias veces la acción tensando y relajando nuestros músculos. Este mismo ejercicio lo practicamos imaginando en esta ocasión que estamos oliendo algo repugnante. Debemos contraer la nariz y guiñar los ojos.

Ejercicio 27

Masajeamos la laringe con extremo cuidado. Con una de nuestras manos en forma de pinza, palpamos el cuello hasta encontrar la laringe. La movemos con suavidad a un lado y otro notando la musculatura que la circunda.

Ejercicio 28

Nos estiramos en el suelo, manteniendo unos segundos la tensión del estiramiento en todo el cuerpo y en todas direcciones, posteriormente nos relajamos acabando con un bostezo. Repetimos el ejercicio varias ocasiones.

7.2. Ejercicios preortofónicos. Lengua y labios

El papel de la lengua y los labios en la fonación es primordial. Como hemos venido recordando es necesario mantener nuestra maquinaria perfectamente "engrasada y en forma" para producir los sonidos más limpios y claros posibles. Sería físicamente inviable pronunciar consonante alguna sin la articulación de los labios o la lengua, de ahí que sea trascendental para obtener una dicción correcta mantener la lengua tan ágil como dócil a todos nuestros requerimientos. Es muy beneficioso ejercitar músculos como el orbicular, el cigomático mayor y menor, el risorio o el buccinador, porque gracias a ellos podemos producir los sonidos que tienen como punto de articulación los labios. Para conseguirlo, proponemos los siguientes ejercicios:

Ejercicio 1
Con la boca cerrada apretamos un labio contra el otro con energía. Ese mismo ejercicio lo practicamos apretando los labios hacia dentro. Debemos notar cómo se tensa y relaja nuestra musculatura facial, especialmente la zona orbicular. Una vez realizadas varias repeticiones separamos rápidamente los labios mientras mostramos los dientes apretados.

Ejercicio 2
Mantenemos los labios cerrados y fuertemente apretados al tiempo que hinchamos las mejillas, como si la cavidad bucal fuese un globo.

Ejercicio 3
Hundimos las mejillas, separando los maxilares pero no los labios.

Ejercicio 4
Con la boca abierta sacamos e introducimos rápidamente la lengua.

Ejercicio 5
Sacamos la lengua por fuera de los labios, como para humedecerlos. Intentamos perfilarlos pasando la lengua de un sentido a otro.

Ejercicio 6
Intentamos tocar la punta de la nariz con la lengua.

Ejercicio 7
Imitamos un pescadito. Llevamos los labios juntos hacia delante y los abrimos y cerramos ligeramente manteniendo la tensión en los mismos.

Ejercicio 8
Llevamos los labios juntos hacia la derecha y posteriormente hacia la izquierda.

Ejercicio 9
Realizamos las distintas combinaciones de movimientos con los labios que hemos aprendido. En la segunda parte del ejercicio volvemos a realizarlos ahora con la boca ligeramente abierta.

Ejercicio 10
Con los dientes juntos, abrimos y cerramos los labios cada vez más deprisa.

Ejercicio 11
Bajamos el labio inferior intentando apretar bien los dientes.

Ejercicio 12
Intentamos hacer muecas laterales al mismo tiempo que mostramos resistencia con un dedo.

Ejercicio 13
Jugamos con un lápiz imaginando que se trata de un bigote postizo. Debemos levantar el labio superior y sujetarlo tanto tiempo como sea posible.

Ejercicio 14
Silbar es un magnífico ejercicio.

Ejercicio 15
Sacamos y metemos alternativamente la lengua con una forma plana.

Ejercicio 16
Igual que el anterior pero tensionamos la lengua para que tenga forma cónica.

Ejercicio 17
Combinemos las propuestas anteriores. Sacamos la lengua con forma plana, la tensamos hasta hacerla cónica y volvemos a meterla en la boca. Practicamos el mismo ejercicio en orden inverso: cónica-plana-recogemos, etc.

Ejercicio 18
Llevamos la punta de la lengua fuera de la boca hacia la comisura derecha, después hacia la izquierda, hacia el centro y hacia arriba formando una cruz imaginaria.

Ejercicio 19
Movemos la lengua de atrás hacia delante del paladar.

Ejercicio 20
Movemos la lengua en el interior de la boca en todas direcciones, haciéndola girar de derecha a izquierda, hacia abajo y arriba, volteándola hacia un lado y otro.

Ejercicio 21
Colocamos la punta de la lengua apoyada tras los incisivos inferiores y sacamos su parte media lo máximo posible.

Ejercicio 22
Hacemos vibrar la lengua, los labios y gran parte de nuestra cara simulando el movimiento que realizan los caballos al relinchar.

Ejercicio 23
Lanzamos besos al aire forzando el gesto de manera exagerada. Utilizamos esa misma contracción de la boca para acabar pronunciando la vocal (i).

Ejercicio 24
Golpeamos la punta de la lengua contra los incisivos superiores, por su cara exterior e interior. Mismo ejercicio con los incisivos inferiores.

Ejercicio 25
Manteniendo la boca abierta, presionamos con la lengua sobre la cara interna de ambos carrillos alternativamente.

Ejercicio 26
Con la musculatura del mentón relajada, hacemos vibrar la lengua pronunciando ("rr").

Ejercicio 27
Practicamos ese mismo ejercicio añadiendo detrás de "rr" cada una de las vocales: rrrrrrrrrrrrrrrra, rrrrrrrrrrrrrrrre, rrrrrrrrrrrrrrrri, rrrrrrrrrrrrrrrro, rrrrrrrrrrrrrrrru...

7.3. Ejercicios preortofónicos. Mandíbula, velo del paladar y cuello

Con esta serie de prácticas ejercitamos los diferentes músculos que conforman el velo del paladar; entre ellos los ácigos de la úvula, el faringoestafilino o el glosoestafilino. Es recomendable iniciar estas prácticas de calentamiento de la mandíbula de manera suave y progresiva para evitar posibles lesiones.

El paladar blando es móvil y, por tanto, cuando pronunciamos fonemas nasales como "m" o "n" el velo del paladar deja el espacio suficiente para que el aire pueda escaparse por la nariz. Sin embargo, en los fonemas orales ese paso se cierra para que el aire fluya con normalidad por la boca. Es imprescindible contar con este movimiento bien ejercitado y con un paladar dúctil y adaptado a las necesidades del sonido que busquemos, ya que si sus movimientos son laxos emitiremos una voz nasal, casi gangosa y si se mantiene la tensión la voz será monótona.

Podemos comprobar hasta qué punto es maleable nuestro paladar con un simple ejercicio: imaginemos mentalmente que emitimos un sonido agudo, comprobaremos entonces cómo nuestro paladar se retrae y arquea hacia arriba.

Su estado inicial varía en función del tono, de la intensidad y de los recursos expresivos de nuestra voz.

Ejercicio 1
Debemos abrir la boca tanto como nos sea posible. Para ello será necesario hacer descender la mandíbula y separar las comisuras de los labios. Este movimiento lo haremos de

un sólo golpe. Una vez realizadas varias repeticiones procederemos a hacerlo en orden inverso, cerrando la boca instantáneamente y apretando los dientes.

Ejercicio 2

Una variación del ejercicio anterior. Abrimos y cerramos la boca en distintos tiempos, con la lengua en estado de reposo. Para comenzar abrimos rápido y cerramos despacio. Posteriormente, en orden inverso.

Ejercicio 3

Realizamos movimientos laterales de mandíbula, de derecha a izquierda y viceversa. La lengua debe estar relajada y el velo del paladar elevado.

Ejercicio 4

Mordemos con suavidad el labio superior, después el inferior y finalmente nos mordemos los dos al mismo tiempo. Realizamos distintas repeticiones. Llevamos el maxilar hacia delante y hacia atrás.

Ejercicio 5

Hacemos rotaciones completas con la mandíbula en ambos sentidos.

Ejercicio 6

Masticamos de manera exagerada, forzando mucho los movimientos, al tiempo que movemos dentro de la boca la lengua lo máximo posible.

Ejercicio 7

Pellizcamos la masa muscular de los maxilares cogiéndola entre los dedos. Intentamos "despegar" nuestra musculatura llevándola hacia fuera.

Ejercicio 8

Sin abrir los labios, intentamos abrir y cerrar la boca rápidamente, tensando los músculos.

Ejercicio 9

Con la boca abierta, inspiramos por la nariz y espiramos por la boca varias veces.

Ejercicio 10

Apoyamos la punta de la lengua sin tensión detrás de los incisivos inferiores, mientras subimos su dorso hasta contactar con el paladar duro, como si estuviésemos haciendo el sonido ("K"). Es conveniente iniciar el ejercicio de manera lenta e ir aumentando la velocidad progresivamente.

Ejercicio 11

Abrimos ligeramente la mandíbula y pronunciamos la secuencia de sonidos "u-a". Debemos notar cómo el sonido impacta en toda la cavidad bucal y que de ésta se proyecta al exterior, consiguiendo un timbre redondo. Este mismo ejercicio lo practicamos con la secuencia "a-o-u-e-i".

Ejercicio 12
 Retraemos la punta de la lengua llevándola a la altura del inicio del paladar blando. Abrimos la mandíbula hasta donde nos sea posible. Mantenemos esa posición de diez a quince respiraciones.

Ejercicio 13
 Abrimos relajadamente la mandíbula al tiempo que sonreímos, estirando suavemente las comisuras de los labios.

Ejercicio 14
 Para realizar este ejercicio deben intervenir dos personas. Agarramos con una mano la frente de nuestra pareja y a la misma altura la parte posterior de la cabeza con la otra mano. Hacemos oscilar su cabeza suavemente de manera que se observe que no existe rigidez muscular en el cuello. Nuestra pareja debe dejarse llevar al tiempo que eleva un brazo mientras inspira y lo baja a medida que espira, sin que la musculatura del cuello se vea implicada en ningún momento. Hay que realizar el ejercicio con los dos brazos alternativamente y después con ambos de manera simultánea. No se deben elevar los hombros para evitar hiperactividad en los músculos trapecios.

Ejercicio 15
 Tensamos las alas de la nariz, manteniéndolas muy abiertas durante todo el ejercicio. Con los labios cerrados y evitando su movimiento, sonreímos con el fondo de la boca sin aplanar en ningún momento la lengua. Con esta práctica pretendemos elevar la zona velar.

7.4. Ejercicios preortofónicos. Mejillas

Ejercicio 1
 Inflamos ambas mejillas al mismo tiempo. Mantenemos la tensión unos segundos y relajamos expulsando poco a poco el aire retenido.

Ejercicio 2
 Como en el ejercicio anterior, inflamos ambas mejillas al mismo tiempo. Mantenemos la tensión unos segundos y expulsamos de golpe el aire pronunciando una "p". Debe darnos la sensación de que se produce una especie de explosión.

Ejercicio 3
 Una variación del ejercicio anterior. Hinchamos la boca de aire reteniéndolo en su interior. Emitimos una "b" intentando mantener la forma ahuecada de la cavidad bucal.

Ejercicio 4
 Practicamos ese mismo ejercicio finalizando la "b" con las vocales, es decir, ba, be, bi, bo, bu.

Ejercicio 5
 Inflamos las mejillas alternativamente (derecha-izquierda), pasando por la posición de reposo. Mismo ejercicio eliminando la posición de reposo.

Ejercicio 6
Inflamos las mejillas en varios tiempos.

Ejercicio 7
Absorbemos ambas mejillas al mismo tiempo entre las mandíbulas.

Ejercicio 8
Intentamos inflar las mejillas, oponiendo resistencia con nuestro dedo índice.

Ejercicio 9
Llenamos la boca completamente de aire. Una vez infladas las mejillas, hacemos "rodar" el aire continuamente del labio superior al inferior y de una mejilla a otra.

Ejercicio 10
Con el dedo índice masajeamos suavemente la cara interna de las mejillas imprimiendo movimientos circulares.

Ejercicio 11
Ponemos las palmas de las manos sobre las mejillas para que podamos notar cómo apretamos las mandíbulas. Inspiramos y al soltar el aire llevamos los labios hacia adelante al máximo mientras con las manos presionamos los músculos de las mandíbulas hacia atrás. Mantenemos el gesto unos segundos y relajamos.

ocho
APRENDIENDO A RESPIRAR

Insistentemente estamos haciendo referencia a la importancia de la respiración en la producción de un sonido. Del tipo de respiración que llevemos a cabo dependerán, entre otros factores, el alargamiento de la fonación, la regulación del aire expulsado y el aumento del volumen de la voz.

No son pocas las ocasiones en las que una mala técnica respiratoria ha truncado una correcta locución. A todos en algún momento nos ha faltado "aire" para acabar una frase o nuestra voz ha sonado de manera irrisoria por la falta de caudal.

Nos detendremos en los diferentes tipos de respiración que se deben practicar con asiduidad hasta obtener un magnífico control del aparato respiratorio.

Aunque inicialmente pueda parecernos extraño, son pocas las personas que respiran correctamente. Sin embargo, cuando estamos en reposo o dormidos placenteramente, regulamos nuestro ritmo de manera inconsciente y empleamos todo nuestro potencial para alcanzar una respiración óptima, puesto que al estar estirados, la única parte que podemos desplazar fácilmente para ampliar nuestra respiración es el abdomen. Desgraciadamente, los hábitos sedentarios y el uso de vestimentas poco adecuadas hacen que adquiramos costumbres insanas que fomentan una respiración superficial, renovando sólo una parte reducida del aire que está en nuestros pulmones y oxigenando deficientemente nuestro cuerpo. Como sabemos, la voz se apoya en la columna de aire que previamente hemos almacenado y que presionada por el diafragma recorre la laringe y hace vibrar las cuerdas.

Básicamente existen los siguientes tipos de respiración:
- Costal superior o clavicular:

- Sin ascenso clavicular.
- Con ascenso clavicular.
* Torácica o intermedia.
* Abdominal o diafragmática.

En el modelo clavicular se aprecia el abombamiento de la parte superior del tórax durante la inspiración y la elevación simultánea de los hombros, al mismo tiempo apreciamos el hundimiento de la pared abdominal. Al ascender las clavículas y los hombros, se acorta la musculatura del cuello, fijando la laringe en una posición tensa y suprimiendo consecuentemente la fisiológica movilidad que necesitan los músculos y cartílagos laríngeos que intervienen en la fonación. Estadísticamente se ha comprado que este tipo de respiración es más frecuente en mujeres que en hombres. Es el modelo clásico de respiración en la gimnasia sueca y la milicia.

La correcta y natural producción de la voz exige la total relajación de hombros y cuello para permitir el libre juego de las diferentes estructuras anatómicas laríngeas. Este tipo de respiración es inadecuada para la función fonatoria.

El modelo torácico se practica dilatando el tórax y ensanchando las costillas, con lo que se consigue un descenso parcial del diafragma y un aumento de la cantidad de aire respecto del tipo anterior. La posición adoptada para ella resulta poco natural y dificulta la emisión de la voz. A pesar de que este tipo respiratorio es frecuentemente usado por gran parte de la población, es insuficiente para la intensa actividad que demanda la fonación.

En la respiración abdominal o diafragmática movilizamos el epigastrio (la parte más baja del tórax y la más alta del abdomen), que es la zona donde radica el mayor control voluntario de la respiración. En este tipo de respiración, el diafragma realiza su máximo descenso empujando las vísceras abdominales hacia abajo y hacia delante, con lo cual se aprecia un aumento de volumen del abdomen y del diámetro torácico que se completa con movimientos costales, por lo que se provoca la máxima dilatación de los pulmones.

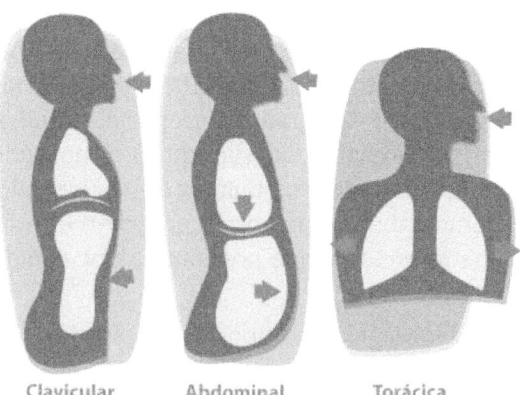

Clavicular   Abdominal   Torácica

Estos tipos respiratorios solemos emplearlos combinados según las circunstancias. En general, existe una tendencia a la respiración costal superior en situaciones de nerviosismo o tras ejercicios físicos intensos y prolongados.

Para locutar es necesario dominar la respiración costo-abdominal o completa. Sus indudables virtudes hacen que se emplee en innumerables técnicas de relajación, desde el yoga, al reiki o incluso en las artes marciales.

Antes de comenzar con las prácticas es conveniente conocer que algunos de los ejercicios propuestos pueden provocarnos hiperventilación. Es aconsejable por tanto, ir despacio y descansar entre serie y serie para evitar posibles mareos. En cuanto al desarrollo neumológico del ser humano, es preceptivo apuntar que hasta los 7 años es imposible obtener resultados significativos, por lo que conviene ser prudentes si queremos trabajar con niños de edades inferiores. El ritmo respiratorio de los niños es bastante distinto al de los adultos: al nacer, de 40 a 70 veces por minuto; 25 veces a los 5 años; 20 veces a los 15 años, y de 5 a 17 veces en un adulto (dependiendo de su entrenamiento respiratorio).

Muchos de los ejercicios que se proponen tratan de fortalecer los músculos empleados en la función fonatoria, expandiendo la caja torácica para que actúe como un auténtico "fuelle". El objetivo último es ser capaces de controlar el flujo de aire en función de las necesidades que tengamos.

Salvo casos muy concretos, iniciaremos la respiración inspirando por la nariz de forma suave y continua, intentando llevar el aire a la parte inferior y media de los pulmones. Seguidamente realizaremos la espiración suavemente por la boca, evitando inicialmente el susurro e iniciando el movimiento diafragmático desde el abdomen.

Ejercicio 1
Antes de iniciar las distintas propuestas para mejorar nuestra respiración costo-abdominal es conveniente mantener despejadas las vías nasales, el cuerpo relajado, la laringe predispuesta y el cerebro muy activo y sosegado.

Con este primer ejercicio ensanchamos nuestra laringe y despejamos las vías por las que debe circular de forma fluida nuestra corriente de aire. De pie con las piernas ligeramente separadas y el peso del cuerpo bien distribuido, flexionamos ligeramente las rodillas haciéndolas rebotar como si fuésemos muelles. Juntamos las palmas de las manos frotando una contra otra (imitando el gesto que realizamos cuando sentimos frío).

Después de rebotar varias veces sobre nuestras propias rodillas y frotarnos las palmas de las manos, lanzamos de forma seca uno de nuestros brazos hacia adelante (como si emuláramos un golpe de kárate), al mismo tiempo que acompañamos el gesto con un sonoro "ay".

Cuando lancemos de manera alternativa los brazos hacia adelante, el cuerpo deberá acompañarnos ligeramente, rotando la cadera suavemente en la misma dirección del brazo que hemos extendido.

Debemos notar cómo nuestra laringe se ensancha para pronunciar un sonido seco.

Ejercicio 2

Otro ejercicio para ensanchar la laringe. Apoyamos la punta de la lengua detrás de los incisivos inferiores sin empujarlos. Separamos las mandíbulas y tomamos aire por la boca como si estuviésemos bostezando. Debe darnos la sensación de que la cavidad bucal se agranda y forma una especie de bóveda al empujar sin tensión hacia arriba la parte del velo del paladar.

Ejercicio 3

En numerosos casos suele ocurrir que no somos capaces de asimilar la forma en la que se produce la respiración abdominal. Para adquirir conciencia de lo que supone una respiración completa, se emplea un ejercicio sumamente práctico. Se inicia en posición de rodillas, con la cabeza como punto de apoyo en el suelo, tocando con la máxima superficie de la frente. Los brazos hacia atrás, apoyando el dorso de las manos en el suelo. En esa posición, respiramos profundamente sintiendo el movimiento del diafragma.

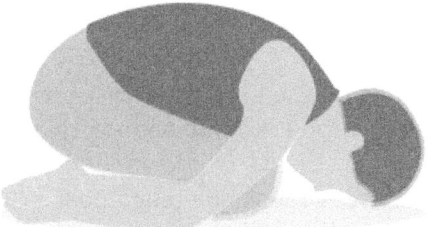

Ejercicio 4

Nuestro objetivo ahora es dirigir el aire a la parte inferior de los pulmones. Para ello, puede ayudarnos colocar una mano en el vientre, a la altura del ombligo, y la otra sobre el pecho, para percibir y ser conscientes de los efectos de cada inspiración y espiración.

Respiramos lentamente y tratamos de imaginar que nuestro cuerpo es una botella que queremos llenar de aire desde su base. Lógicamente el abdomen debe ser lo primero en abultarse, una vez lleno de aire imaginaremos que va ocupando todo nuestro cuerpo hasta acabar de llenar la botella imaginaria. Si apoyamos las manos en las costillas flotantes e inspiramos profunda y lentamente notaremos el ensanchamiento de la caja torácica.

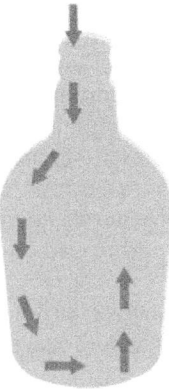

Ejercicio 5

En posición de pie, con las rodillas ligeramente flexionadas, respiramos profundamente mientras extendemos los brazos paralelos por encima de la cabeza intentando no elevar los hombros. Una vez arriba, seguiremos inspirando al tiempo que estiramos, alternativamente y cada vez más altos, cada uno de los brazos.

Ejercicio 6

Nos tumbamos en el suelo, si es posible en una superficie aislante y acolchada. Flexionamos las rodillas apoyando los pies en el suelo y los brazos alargados paralelos al cuerpo. Estiramos la espalda imaginando que las vértebras se "separan". En esta posición realizamos una inspiración nasal, retenemos el aire dos segundos y espiramos por la boca colocada como para silbar.

Ejercicio 7

Sentados apoyamos la espalda en la pared. Inspiramos por la nariz, retenemos el aire dos segundos y espiramos de manera alternativa por la boca y la nariz.

Ejercicio 8

Jadeamos mediante golpes cortos y rápidos. Iremos disminuyendo la velocidad de los jadeos y aumentando la profundidad de nuestra respiración. Si en el momento de jadear palpamos nuestro diafragma, notaremos sus constantes contracciones. Para realizar esta propuesta ayuda pensar que en realidad estamos "soplando velas".

Ejercicio 9

Inspiramos profundamente en posición de cuclillas. Retenemos el aire unos segundos y lo expulsamos emitiendo la vocal "a". El sonido, apoyado en la musculatura abdominal, debe ser constante y cada vez más potente.

Ejercicio 10

Al tiempo que realizamos una respiración nasal, estiramos un brazo en cruz de manera lateral hasta formar un ángulo de 45 grados respecto al cuerpo. Rotamos el busto dirigiendo la mirada al brazo, hacemos una pausa de tres segundos manteniendo la posición y regresamos al punto de partida mientras expulsamos el aire retenido.

Ejercicio 11

Estando de pie, elevamos los brazos estirados en sentido opuesto uno por delante del cuerpo y el otro hacia atrás, al tiempo que respiramos. Retenemos el aire tres segundos y espiramos con la boca en posición de silbido mientras descendemos los brazos. Debemos controlar que no se den tensiones en la zona de los hombros.

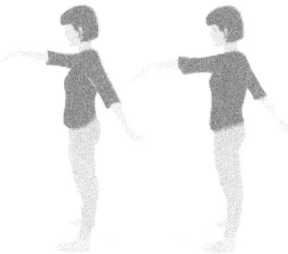

Ejercicio 12

Estiramos los brazos rectos hacia delante. Inspiramos al tiempo que desplazamos ambos brazos a la izquierda y los seguimos con la mirada. Rotamos la cintura y retenemos el aire tres segundos. Espiramos mientras volvemos a la posición inicial. La boca estará en posición de silbido.

Ejercicio 13
El mismo ejercicio girando ahora hacia la derecha. No debemos provocar tensiones en el torso durante la rotación.

Ejercicio 14
Iniciamos el ejercicio con una respiración completa. De forma intermitente emitimos el sonido "t/s" o "p/s" como si estuviésemos mandando callar o llamando la atención de alguien. Si palpamos el diafragma notaremos su movimiento y cómo se fortalece.

Ejercicio 15
Para ejercitar el diafragma podemos reír exageradamente (¡ha, ha, ha!) o exclamar fuertemente (¡hei, hop!) notando los golpes de barriga que impulsan el aire durante el sonido.

Ejercicio 16
Inflar globos o una bolsa es un magnífico ejercicio, tanto más cuanto más dificultad tengamos para soplar.

Ejercicio 17
Se puede emplear una vela para graduar la fuerza de nuestro soplo. La encendemos e intentamos mover la llama sin apagarla mientras la alejamos gradualmente. El ejercicio cobra mayor interés si colocamos la vela a la derecha e izquierda de nuestra boca, con el fin de modificar la intensidad y la dirección del flujo de aire.

Ejercicio 18
Dejamos una hoja de papel en el suelo. Inspiramos por la nariz profundamente y con la fuerza de nuestro soplo intentamos desplazarla de un lado a otro. El grado de dificultad viene marcado por nuestra posición: es más fácil mover la hoja cuanto más cerca de ella nos encontramos.

Ejercicio 19
Debemos tener la capacidad de variar con facilidad la frecuencia de respiración. Tomamos aire durante un segundo, retenemos tres segundos y lo expulsamos en el intervalo de un segundo. No es conveniente variar la serie de respiraciones hasta que no dominemos una determinada frecuencia. Todos estos ejercicios se pueden practicar acostados sobre una superficie plana y con un peso sobre el diafragma.

A continuación mostramos cómo se aumentan los tiempos de inspiración, retención y espiración:

Inspiración	2	4	6	8	10	4	5	7	1	10
Retención	2	2	2	2	2	2	2	2	2	2
Espiración	1	3	1	1	1	4	10	5	1	10

Ejercicio 20

Los ejercicios propuestos se pueden practicar al tiempo que se anda para aprovechar la cadencia del movimiento. A cada paso una inspiración hasta llegar al máximo de nuestra capacidad, después se aguanta el aire un par de pasos y se expulsa poco a poco conforme avanzamos. Es conveniente que, tanto en la inspiración como en la espiración, las porciones de aire que tomemos sean las mismas.

Ejercicio 21
En ocasiones necesitamos una inspiración rápida. Si variamos la cadencia del ejercicio número 19, conseguimos practicarla.

De pie, inspiramos rápidamente en 1 tiempo y espiramos en 1-2-3, inspiramos en 1 y espiramos en 1-2-3-4, inspiramos en 1 y espiramos en 1-2-3-4-5, y así sucesivamente hasta 10. De este modo ejercitamos la respiración profunda y la inspiración rápida. Es importante hacer el menor ruido posible al respirar.

Ejercicio 22
Dejamos caer los brazos relajados a lo largo del cuerpo:
- Al mismo tiempo que empezamos a inspirar, los elevamos despacio lateralmente hasta alcanzar la altura de los hombros.
- Suspendemos la inspiración y giramos las manos haciendo que nuestras palmas queden hacia arriba.
- Continuamos la inspiración subiendo los brazos, sin doblar los codos, hasta que las palmas de las manos se toquen por encima de la cabeza.
- Comenzamos a espirar bajando los brazos hasta la altura de los hombros.
- Suspendemos la espiración y volvemos a girar las manos hacia abajo.
- Finalizamos la espiración mientras bajamos los brazos hasta su postura original.

Ejercicio 23
Recitamos los siguientes poemas, inspirando antes de pronunciar cada uno de los versos, y expirando una vez emitido cada uno de ellos:

> Tomo poco a poco el aire
> porque pronunciar yo quiero,
> así se limpia mi sangre,
> así recito mis versos,
> así domino yo mi voz,
> la conciencia y mis sueños,
> las palabras y estos dos
> tesoros propios que tengo:
> Mi vida como persona,
> y con ella, mis anhelos

❋❋❋

> De quince a veinte es niña; buena moza
> de veinte a veinticinco, y por la cuenta
> gentil mujer de veinticinco a treinta.
> ¡Dichoso aquel que en tal edad la goza!
> De treinta a treinta y cinco no alboroza;

mas puédese comer con sal pimienta;
pero de treinta y cinco hasta cuarenta
anda en vísperas ya de una coroza.

A los cuarenta y cinco es bachillera,
ganguea, pide y juega del vocablo;
cumplidos los cincuenta, da en santera,

y a los cincuenta y cinco echa el retablo.
Niña, moza, mujer, vieja, hechicera,
bruja y santera, se la lleva el diablo.

Ejercicio 24
En algunas academias de enseñanza de locución o canto, para poner de manifiesto los avances del alumno en el control de la respiración, suele hacerse una prueba inicial que se repite al finalizar el curso para testar los logros conseguidos. La prueba es la siguiente: tomamos aire de la manera en la que hemos aprendido. Una respiración profunda, tranquila y costo-abdominal. Comenzamos a locutar la siguiente frase: "*Tengo una gallina ponedora y los huevecitos nunca me faltan. Diariamente tengo uno, tengo dos, tengo tres, tengo cuatro...*".

Cuanto más dominio de la respiración logremos, nuestra gallina habrá sido capaz de poner más huevos.

Ejercicio 25
Tomamos aire cómodamente, lo retenemos unos segundos y lo espiramos por la boca abierta diciendo una bocal sin sonido (es conveniente realizar esta práctica cinco veces con cada vocal).

Ejercicio 26
Estando de pie empezamos a respirar y a aproximar los hombros hacia atrás lo máximo posible, mientras mantenemos los brazos relajados de manera que propiciemos la tensión de los músculos pectorales. En esa posición retenemos el aire unos segundos y empezamos a soltarlo al tiempo que llevamos los hombros a la posición original. Practicamos este mismo ejercicio en varios tiempos, tomando en cada fase un poco de aire.

Ejercicio 27
Con este ejercicio conseguimos reforzar la función del abdomen y la pelvis como origen del impulso respiratorio que nos facilita el apoyo de la emisión vocal. El desbloqueo de estas zonas potencia la actividad muscular de la mitad inferior del tronco contribuyendo a armonizar, igualmente, la mitad superior. Tumbados, flexionamos las rodillas paralelas hasta el pecho y las sujetamos cómodamente con las manos. En esta posición inspiramos suave y profundamente hasta notar cómo el flujo respiratorio llega hasta la región lumbar y sacra. Cuando espiremos, las piernas volverán ligeramente hacia el tórax y expulsaremos el aire desde el fondo de las pelvis, sin empujar.

Ejercicio 28
Tumbados boca arriba situamos los brazos relajados pegados al cuerpo y las piernas juntas y estiradas. Flexionamos una pierna manteniendo siempre la planta del pie en contacto con el suelo, al tiempo que inspiramos suavemente permitiendo que la corriente de

aire llegue hasta el fondo de nuestra pelvis. Retenemos el aire unos segundos y comenzamos a expulsarlo al tiempo que estiramos la pierna hasta volver al punto de origen. Practicamos alternativamente con ambas piernas.

Ejercicio 29

Para trabajar la regulación de la presión del aire es muy eficaz emitir un sonido constante a través de un tubo o cañita. Mientras espiramos el aire tapamos el orificio de salida y dejamos salir el aire por la nariz. Es interesante variar la intensidad y el tono del sonido emitido mientras expulsamos el aire alternativamente por la nariz o por el orificio del tubo.

Ejercicio 30

Los ejercicios de respiración para niños no deben durar demasiado. Es preferible poco tiempo pero practicarlos con frecuencia. Para conseguir una inspiración completa podemos efectuar diferentes mímicas que obliguen a soplar: hinchar la rueda de una bicicleta, avivar el fuego de la chimenea, el lobo que sopla la casa de paja de los 3 cerditos, el viento de un día de tormenta, resoplar cuando tenemos calor o estamos cansados, etc.

Ejercicio 31

Imaginamos que olemos una flor de manera muy exagerada y en pequeños intervalos con el propósito de facilitar una mejor resonancia nasal. Retenemos un momento el aire y lo espiramos de nuevo por la nariz.

nueve
EJERCICIOS PARA LA VOZ COLOCACIÓN Y RESONANCIA

La colocación o impostación consiste en hacer un buen uso del sistema resonador para amplificar el sonido de la voz, evitando de esta manera tensiones en el área de la laringe. Una buena colocación nos permite obtener un timbre rico en armónicos así como elevar notablemente la potencia de la voz. Se trata de obtener el máximo rendimiento de un sonido con el mínimo esfuerzo posible de la garganta.

Al igual que ocurre con la respiración, con frecuencia adquirimos determinados hábitos que desvirtúan la colocación de la voz. En el mejor de los casos no seremos capaces de extraer todo su potencial, en el peor padeceremos trastornos más serios que requieran de especialistas para su tratamiento.

En ocasiones las mujeres, en la búsqueda inconsciente de una voz más femenina, no hablan sobre su sonido fundamental propio, sino sobre un armónico algo más agudo. En el otro extremo de la escala se encuentran los hombres, que tienden a oscurecer falsamente su voz buscando tonos más graves y por tanto, como dicta el imaginario colectivo, mayor sensación de hombría. Ambos defectos, además de resultar desagradables al oyente y restar credibilidad al mensaje transmitido, evitan que los órganos de la fonación trabajen con naturalidad y eficiencia.

Una vez adquirido un "vicio" de fonación es muy difícil desprenderse de él. Uno de los principales contratiempos que suelen darse en su eliminación es la inconsciencia. No somos capaces de detectarlo e incluso llegamos a familiarizarnos con la falsedad de nuestra voz. En última instancia será el especialista, quien tras un exhaustivo reconocimiento y posterior diagnóstico, nos señale las pautas a seguir para mejorar nuestra entonación. Como defectos más frecuentes señalaremos los siguientes:

- Nasalidad: se trata de la falsa posición del paladar blando. Se abusa en exceso de los resonadores nasales.
- Engolamiento o guturalidad: la faringe cobra aquí un papel fundamental como resonador. Los sonidos que producimos nos parecen fingidos, dando una falsa imagen de nuestra voz.
- Falseteo: notamos un adelgazamiento de la voz al hablar con la laringe en posición demasiado alta. Impedimos las resonancias fundamentales dando preponderancia a los armónicos más agudos.

Para obtener una buena colocación, debemos encontrar las regiones faciales y cefálicas donde sintamos el sonido con mayor intensidad y mejor proyección.

Los ejercicios que proponemos tratan de encontrar, mediante distintas vocalizaciones, la posición de los resonadores que nos permitan emitir el sonido con mayor facilidad y máxima eficiencia. La "colocación" es uno de los objetivos más importantes que debemos conseguir como profesionales de la voz.

Deben de darse una serie de condiciones para conseguir una correcta impostación:

- Que el torrente de aire que emitamos transite con facilidad, sin encontrar obstáculos entre las cuerdas vocales tras una respiración costo-abdominal. El aire debe circular poco a poco, pero de manera continua.
- Que existan puntos de apoyo firmes para vocalizar bien y con una articulación adecuada.
- Que los músculos empleados para la fonación, especialmente los tiroaritenoideos que forman el núcleo de las cuerdas vocales, vibren con facilidad sin encontrar oposición alguna.
- Que el aparato resonador reciba libremente las vibraciones emitidas por la laringe. Deberemos percibir cómo "reverbera" la voz en la caja de resonancia y se oye nítida, clara, limpia y sin asperezas.

Sabremos que el sonido está bien impostado cuando se produzca sin esfuerzo de manera limpia, sin asperezas, sin que nos cause molestias en las cuerdas vocales, produciendo la vibración en las zonas del maxilar superior, mejillas y nariz.

Ejercicio 1

Para conocer de una forma sencilla si la voz está bien colocada los cantantes suelen hacer el siguiente ejercicio. En la posición habitual de locución, con los pies ligeramente separados, la espalda recta y el cuerpo relajado tomamos aire. Emitimos entonces una larga "A". A mitad de vocalización tapamos la nariz con los dedos y observamos si el tono varía convirtiéndose en más nasal. Será síntoma en tal caso de que nuestra voz no está correctamente impostada. Tanto con los orificios de la nariz abiertos como tapados, no debe existir variación de sonido. Cuando lo hayamos conseguido, habremos revelado nuestro tono natural de voz.

Ejercicio 2

Vamos a conocer ahora la amplitud de nuestra voz en los niveles agudo, medio y grave. Realizamos una profunda respiración abdominal. Como en el ejercicio anterior emitimos una larga "A". Hacemos que suene de diferentes maneras, subiendo y bajando el tono, sin apretar ni forzar la garganta en ningún momento. De entre todos los sonidos que estamos produciendo seleccionamos el que nos resulte más vibrante y fácil. Tomando ese sonido como nota media, locutamos el escrito que proponemos, tratando de que la voz gire alrededor de la nota elegida:

> *"Terminaron por conocerse tanto, que antes de los treinta años de casados eran como un mismo ser dividido, y se sentían incómodos por la frecuencia con la que se adivinaban el pensamiento sin proponérselo, o por el accidente ridículo de que el uno se anticipara en público a lo que el otro iba a decir. Habían sorteado juntos las incomprensiones cotidianas, los odios instantáneos, las porquerías recíprocas y los fabulosos relámpagos de gloria de la complicidad conyugal. Fue la época en que se amaron mejor, sin prisa y sin excesos, y ambos fueron más conscientes y agradecidos de sus victorias inverosímiles contra la adversidad. La vida había de depararles todavía otras pruebas mortales, por supuesto, pero ya no importaba: estaban en la otra orilla".* (Gabriel García Márquez, *El amor en tiempos del cólera*).

Ejercicio 3

Con bastante frecuencia empleamos el sonido del fonema "m" para trabajar los resonadores colocando correctamente la voz, ya que al ser bilabial y nasal, favorece que se localice con mayor facilidad la caja de resonancia.

Adoptamos la posición habitual de locución. Tras tomar una respiración completa emitimos un sonido constante con la "mmmmmmmmmmmmmmmm". Debemos ser conscientes de la vibración interior de los labios, que estarán suavemente cerrados. Al producir el sonido notaremos una especie de cosquilleo. Estamos imitando el sonido que produciría un moscardón volando.

Ejercicio 4

Una vez que hemos dominado la técnica anterior pasamos a realizar ese mismo sonido empleando los resonadores nasales. Imaginaremos por un momento, que la "m" que emitimos es visible. Si en el ejercicio 3 el sonido se estrella literalmente contra los labios cerrados, en esta segunda parte lo lanzamos contra nuestras fosas nasales. El resultado, una vez dominada la técnica, debe ser la vibración hasta producir el cosquilleo de las aletas de la nariz. Intentaremos visualizar en ambos ejercicios cómo el sonido, que no el flujo de aire, como si se tratase de una sustancia tangible, choca contra los labios o pasa a gran velocidad por los orificios nasales. Su impacto debe producirnos un molesto picor, si lo conseguimos sabremos que estamos ejecutando la práctica correctamente.

Ejercicio 5

Pensemos en una canción que nos guste. Cualquier elección es buena. Ahora cantémosla con la boca cerrada. Podemos separar los dientes si es necesario, pero nunca los labios. Recorreremos tonos graves y agudos de manera continua.

Ejercicio 6

Intentamos sonorizar una "b". Los labios deben estar como si fuésemos a beber de una copa. Tomamos aire y producimos el sonido. Para ayudarnos imaginemos que nos hemos quemado el interior de la boca con un alimento muy caliente y estamos soplando. Esa es la posición de la cavidad bucal que necesitamos.

Ejercicio 7
Como el ejercicio anterior pero con el sonido "m".

Ejercicio 8
El siguiente ejercicio lo llevaremos a cabo colocando la "m" delante y detrás de cada vocal. Intentaremos hacer una línea entera por espiración: Mammammmm Mammemmm Mammimmm Mammómmm Mammúmmm.

Ejercicio 9
Practiquemos el ejercicio anterior colocando únicamente la "m" delante y detrás de cada grupo vocálico: Maam Maem Maim Maom Maum.

Ejercicio 10
Tomemos una respiración costo-abdominal. Una vez finalizada ponemos los labios en posición de silbido y emitimos el sonido "u". Notaremos entonces al paso del aire la vibración de los labios. Repetimos ese ejercicio con: o-a , e-i , a-e , i-o...

Ejercicio 11
Una variación del ejercicio anterior. Algunas palabras y sonidos potencian nuestros armónicos.
Entonamos las vocales una tras otra lentamente. Partiendo de cada una de ellas intentamos llegar a la "u". Partiendo de la "u" llegamos a la "o", desde la "i" a la "e" y desde la "i" a la "u".

Ejercicio 12
Tras una respiración completa, pronunciamos palabras sueltas o frases manteniendo el rostro lo más inexpresivo posible.

Ejercicio 13
Pronunciamos de manera muy nasal la palabra "bon". Cuando estemos alargando la "oooooooooooooon" abrimos y cerramos la boca jugando con el cambio de sonido que se produce.

Ejercicio 14
Las palabras "Ging", "Gang" y "Gong" facilitan la creación de armónicos en la garganta.

diez
EJERCICIOS PARA LA VOZ
ARTICULACIÓN Y VELOCIDAD

En numerosas circunstancias, cuando hablamos no nos esforzamos en pronunciar todas las palabras con claridad. En la comunicación interpersonal estos casos no suponen un problema, puesto que el ser humano cuenta con otros recursos expresivos entre los que se encuentra el lenguaje corporal. Sin embargo, la correcta pronunciación de todas las palabras que conforman un mensaje es condición esencial para que el receptor pueda entender con perfecta claridad y sin esfuerzos extraordinarios todo lo que queremos transmitir. Debemos, por tanto, pronunciar con corrección, claridad, naturalidad, fluidez y seguridad.

A diferencia de lo que ocurre con el ritmo o la entonación, que pueden llegar a pasar desapercibidos, los errores de dicción son defectos que la audiencia percibe de manera muy clara, por lo que hay que cuidarla al extremo.

La corriente de aire que pasa por la glotis experimenta diversas modificaciones a su paso por la faringe, las fosas nasales y la boca, debido a los estrechamientos que se producen en determinados puntos del trayecto. Estas modificaciones cuentan con características concretas en función de cada fonema y varían según el idioma, por eso es necesario el entrenamiento constante de los músculos faciales que intervienen en la creación de sonidos, modificando esta corriente de aire.

En la producción de un sonido articulado se distinguen tres tiempos: la intensión, en la que los órganos adquieren la posición necesaria para producir el sonido que necesitamos; la tensión en la que se mantiene ese mismo estado y, finalmente, la distensión en la que deshacemos la posición adquirida. La tensión es la fase más característica a la hora de producir un sonido puesto que en los otros dos tiempos se realizan enlaces con los siguientes sonidos que conforman la palabra que estamos pronunciando.

El siguiente concepto que tratamos en este capítulo es la velocidad de locución. Se trata de la rapidez de una persona para articular palabras en su discurso. De manera general en español se calcula que una velocidad normal se sitúa en una horquilla comprendida entre las 125 y las 190 palabras por minuto.

Normalmente adaptamos nuestro discurso a las posibilidades de compresión de nuestro interlocutor, por eso cuando hablamos con un extranjero que maneja de manera muy básica el idioma, ralentizamos la velocidad del habla, nos esmeramos en articular las palabras y aumentamos las pausas.

La velocidad, la intensidad y las propias pausas son factores básicos en el ritmo y en la entonación. El aumento de la velocidad, sobre todo en registros tonales altos acompañados del aumento de la intensidad, suele ser indicio de enfado, nerviosismo o impaciencia. Por el contrario, la velocidad pausada en un registro bajo, puede transmitir tristeza.

Existen diferencias de velocidad entre lenguas: el chino, por ejemplo, es mucho más rápido que el francés. Algunas investigaciones han desvelado que las mujeres suelen hablar más rápido que los hombres. En la medida en que un hablante se aleja de la velocidad considerada normal, surgen problemas en la comunicación: un habla demasiado rápida dificulta la comprensión, mientras que un habla excesivamente lenta aburre al oyente. Todos los estudios realizados al respecto señalan que la velocidad ideal, en un estado de ánimo relajado, pasa por las 164 palabras por minuto.

Ejercicio 1

Un magnífico ejercicio para poner en movimiento nuestra musculatura facial pasa por leer un texto como el que sigue, sin emitir sonido alguno. Debemos forzar los movimientos faciales, especialmente los que hacen referencia a la lengua, las mandíbulas y los labios. Conseguiremos, por tanto una peculiar declamación sin que realmente se escuche nada:

Dicen que no hablan las plantas, ni las fuentes, ni los pájaros,
Ni el onda con sus rumores, ni con su brillo los astros,
Lo dicen, pero no es cierto, pues siempre cuando yo paso,
De mí murmuran y exclaman:

—Ahí va la loca soñando
Con la eterna primavera de la vida y de los campos,
Y ya bien pronto, bien pronto, tendrá los cabellos canos,
Y ve temblando, aterida, que cubre la escarcha el prado.

—Hay canas en mi cabeza, hay en los prados escarcha,
Mas yo prosigo soñando, pobre, incurable sonámbula,

Con la eterna primavera de la vida que se apaga
Y la perenne frescura de los campos y las almas,
Aunque los unos se agostan y aunque las otras se abrasan.

Astros y fuentes y flores, no murmuréis de mis sueños,
Sin ellos, ¿cómo admiraros ni cómo vivir sin ellos?
(Rosalía de Castro, *Dicen que no hablan las plantas*)

Ejercicio 2
Leamos ahora el texto anterior de manera extremadamente lenta, como si estuviésemos masticando cada palabra. Hagamos sonar una a una todas las sílabas. Para que el ejercicio sea más útil debemos exagerar la pro-nun-cia-ción.

Ejercicio 3
No por manida la siguiente práctica es menos efectiva. Lectura de un texto con un obstáculo en la boca: un bolígrafo o un lápiz que introduciremos entre los dientes en sentido horizontal. La lengua tropezará con un obstáculo insalvable que le hará adquirir flexibilidad y resituarse en la capacidad bucal.

Ejercicio 4
Para calentar las cuerdas vocales podemos empezar pronunciando las vocales despacito y aumentando progresivamente la velocidad. Debemos seguir el siguiente orden: "i", "e", "a", "o", "u".

Ejercicio 5
Con una misma respiración y de manera continuada comenzamos a pronunciar de forma muy lenta los sonidos "ta-ca". Iremos aumentado gradualmente la velocidad hasta alcanzar la máxima.

Ejercicio 6
Repetimos el ejercicio anterior ahora con las palabras "ding-don". En este último caso debemos exagerar notablemente los movimientos faciales.

Ejercicio 7
Relajamos los labios y pronunciamos la palabra "sopa". Cuando pronunciemos "so" redondeamos los labios hacia delante manteniendo la tensión y en "pa" los recogemos cuanto podamos. Como en el ejercicio anterior exageraremos mucho los movimientos. Realizando esa misma técnica vamos ampliando la frase y aumentando la velocidad: "Yo bebo sopa, sopa yo bebo".

Ejercicio 8
En general se puede repetir cualquier palabra lentamente e ir aumentando el ritmo progresivamente. Es muy importante, especialmente cuando se llega a la máxima velocidad, que las palabras suenen con la misma limpieza y nitidez tanto al principio como al final del ejercicio. Es interesante igualmente, emplear el mayor número de vocales y consonantes:

Tatá, taté, tatí, tató, tatú.   Babé, bebá, bibí, bobó, bubú.

Ejercicio 9
La articulación de silabas inversas con todas sus vocales es una magnífica práctica:

"At, et, it, ot, tu". "Ap, ep, ip, op, up". "As, es, is, os, us".

Ejercicio 10
Como hemos dejado escrito, los ejercicios de aprendizaje de locución, que son por lo general bastante tediosos, tienen un lado más amable si se mezclan con determinados juegos que motiven al alumno: situamos sobre la mesa, por separado, seis dibujos de objetos diferentes. Supongamos que, en este caso, se trata de un lápiz, una libreta, un palo, un pito, un balón y un zapato. Tomando como referencia uno de los dibujos (en este caso palo) creamos una secuencia en la que siempre intervenga el dibujo elegido precedido de cada uno de los objetos: "palo, lápiz, palo, libreta, palo, pito, palo, balón, palo, zapato, palo".

El ritmo en la articulación de las palabras viene marcado por la rapidez del tutor a la hora de señalar cada uno de los dibujos.

Ejercicio 11
Trabajamos las vocales mediante la articulación correcta de determinadas series. Insistimos en que debemos conseguir un sonido claro y perfectamente entendible en todo momento. Tomamos aire en cada una de las series.

"Aaaaaaaa/a/a/a/a/aaaaaaaaaaaaaaa/a/a/aaaaaaaaa/a/a/a/..."
"Eeeeeeeee/e/e/e/e/eeeeeeeeeeeeeeeee/e/e/eeeeeeeee/e/e/e/..."
"Iiiiiiiiiiii/i/i/i/i/i/iiiiiiiiiiiiiiiiiii/i/i/i/i/i/iiiiiiiiiiiii/i/i/i/..."
"A/i/o/aaaaaaaaiiiiiiiiiiiioooooooooo/a/i/o/aaaaaaaiiiiiiiiiioooooooa..."
"U/e/o/uuuuuuueeeeeoooooooooooueouuuuueeeeeoooooooo..."

Ejercicio 12
Empleando diptongos modificamos el acento prosódico.

"A e áe áe áe a e aé aé aé a e áe áe áe a e aé aé aé a e áe áe áe..."
"E u éu éu éu e u eú eú eú e u éu éu éu e u eú eú eú e u éu éu..."
"I a ía ía ía iá iá iá i a ía ía ía iá iá iá i a ía ía..."

Ejercicio 13
La misma dinámica con triptongos.

"U e a úea úea úea u e a uéa uéa uéa u e a ueá ueá ueá u e a..."
"O i a óia óia óia o i a oía oía oía o i a oiá oiá oiá o i a..."
"E a u éau éau éau e a u eáu eáu eáu e a u eaú eaú eaú..."

Ejercicio 14
Introducimos algunas consonantes.

"Báei béi baeí"	"Báou baóu baoú"	"Tíai tiái tiaí"	"Lúao luáo luaó..."
"Níou nióu nioú"	"Réao reáo reaó"	"Fóuo fouó fouó"	"Píoa pióa pioá..."
"Cáea caéa caeá"	"Síou sióu sioú "	"Déoi deói deoí"	"Gúoa guóa guoá..."

Ejercicio 15

Mordemos con cierta presión con las muelas y sobrearticulamos con los labios. Pronunciamos la siguiente serie. Podemos combinar vocales.

"A   O   U   AO   AO   AO   AO   AO   AO   AO"

Ejercicio 16

La locución pausada de palabras bisílabas y trisílabas como las que siguen nos ayuda a obtener sonidos redondos y nítidos.

M
malo mata mazo madre
meca meta menta merche
milos misa mirlo mito
mono moto moco moda
multa muda mucho muro

B
baba baño barca baza
belle berbel belga bebé
bicho bingo bizco billar
bobo bota boca bola
buzo burro bulo buscar

P
papa palo pasa pavo
peca pera pena peta
piña pilón piso pizca
poco poto porno pozo
puño pluma punto puro

F
fama faro facha faja
fecha feria fémur feto
fichar firma filo finca
foto foca follar folio
fuente fumar funda fuelle

V
vaso vaca valor vana
verde viena vena venta
vino vida video vicio

T
tasca tala tarde taco
techo tenis tela teka
tiza timón timar tipo

S
saco santo sapo salsa
seta senos seda saxo
siete signo sima sino
sota sonda soja sopa
sumo sueca sueño surco

D
dado dama dátil daño
dedo debe dentro desde
diente diego dijo dime
doble doma dori dote
duro ducha duelo duende

L
lana lazo lara lastre
lento lerdo leche legar
lienzo lima lija lindo
lomo loca loro loto
luna lupa luzón luchar

R
rama raro rata rape
res remo rezar retro
rimar risa ristra rindo
roca rojo roto ronco
rubio ruso rueca ruta

G
garganta gacela galopar gatera
guerrera guepardo guerrilla guedejón
guitarra guirnalda guijuelo guisado
gordura gordaco gorila gotera
guadá guardaba gustavo guarecer

CH
chapetón chavales chaperos chamuscar
chequera chepado chepudo cherrido
chincheta chistorra chismorreo chistoso
chocolate chocante chorizo chotuno
chuleta chubasco churrete churrasco

Ejercicio 17

Cualquier texto bien trabajado es una magnífica herramienta para mejorar nuestra prosodia, no obstante y en función del nivel que paulatinamente vayamos adquiriendo, conviene el uso de textos cada vez más complejos.

Comenzamos locutando con normalidad el siguiente poema:

Como se arranca el hierro de una herida	o/o/e/a/a/e/i/e/o
su amor de las entrañas me arranqué;	u/a/o/e/a/e/a/e
aunque sentí al hacerlo que la vida	a/u/e/í/a/a/e/o/e/a/i/a
¡me arrancaba con él!	e/a/a/a/a/o/e
Del altar que le alcé en el alma mía,	e/a/a/e/a/e/e/e/a/a/i/a
la voluntad su imagen arrojó;	a/o/u/a/u/i/a/e/a/o/o
y la luz de la fe que en ella ardía	a/u/e/a/e/e/e/a/a/i/a
ante el ara desierta se apagó.	a/e/e/a/a/e/i/e/a/e/a/a/o
Aún para combatir mi firme empeño	a/u/a/a/o/a/i/i/i/e/e/o
viene a mi mente su visión tenaz..	i/e/e/a/i/e/e/u/i/i/o/e/a
¡Cuánto podré dormir con ese sueño	u/a/o/o/e/o/i/o/e/e/u/e/o
en que acaba el soñar!	e/e/a/a/a/e/o/a

(Gustavo Adolfo Bécquer, *Rima XLVIII*)

En una segunda fase alternamos una estrofa locutada y otra sólo con la lectura de vocales de forma fluida e intentando evitar golpes glóticos.

Ejercicio 18

Descartamos las vocales. Realizamos la misma práctica anterior pronunciando únicamente las consonantes.

Ejercicio 19

Otra variante de este mismo ejercicio, que además de mejorar la dicción nos ayuda a trabajar la interpretación, lo realizamos exclusivamente con frases interrogativas y exclamativas.

¿Qué quieres que te diga?	¿u/e/u/i/e/e/u/e/e/i/a?
¿Me dejas tu gorrito?	¿e/e/e/a/u/o/i/o?
¿Sabes montar en motocicleta?	¿a/e/o/a/e/o/o/i/e/a?
¡Qué maravilla de paisaje!	¡e/a/a/i/a/e/a/i/a/e!
¡Qué cansados terminamos todos!	¡/e/a/a/o/e/i/a/o/o/o!
¡Ya está bien de tanta fiesta!	¡a/e/a/i/e/e/a/a/i/e/a!

Ejercicio 20

Vamos a conversar usando una sílaba. Variamos el ejercicio empleando únicamente números y finalmente sonidos guturales.

Ejercicio 21

La lectura de trabalenguas es un magnífico ejercicio de dicción, siempre que no nos dejemos dominar por el hecho de acabar lo antes posible, es decir, de locutarlos a gran velocidad olvidando la claridad de los sonidos. Procuraremos la correcta pronunciación de cuantas sílabas y palabras los compongan en todo momento.

Nunca debemos aumentar la velocidad si no hemos conseguido dominar la dicción.

Para que sea más fácil el control de los resultados, cada uno de los trabalenguas está ordenado según el fonema predominante.

En algunos de ellos el número anexo indica el tiempo medio que debe emplearse en su locución, aunque se trata únicamente de una estimación.

21.1. Pronunciación en A

1. Cansadas, cargadas, rapadas, marchaban las chavalas; calladas, calmadas, bandadas de gatas las ratas cazaban; las ranas cantaban, lamaban, saltaban y al saltar sanaban de su mal astral (8 segundos).
2. Por la mañana, la mamá de Ana Zabala va a la plaza a cambiar cáscaras de naranjas por manzanas, bananas, patatas y calabazas, para lavarlas, aplastarlas, amarrarlas, empacarlas, cargarlas y mandarlas a Canadá (10 segundos).
3. Indias sin navegar, trabajar y más trabajar.
   Plaza bien abastada, a Dios alaba.
   La carga cansa, la sobrecarga mata.
   Más vale la salsa, que los caracoles.
   Quien sabe dar, sabe tomar.
   A falta de tajadas, buenas son rebanadas.
   Más vale esperar barbas, que peinar canas.
4. Antes alegre andaba; agora apenas alcanzo alivio, ardiendo aprisionado; armas a Antardra aumento acobardado; aire abrazo, agua aprieto, aplico arenas. Al áspid adormido, a las amenas ascuas acerco atrevimiento alado; alabanzas acuerdo al aclamado aspecto aquien admira antigua Atenas. Agora, amenazándome atrevido, Amor aprieta aprisa arcos, aljaba; aguardo al arrogante agradecido. Apunta airado; alfin, amando, acaba aqueste amante al árbol alto asido, adonde alegre, ardiendo, antes amaba.
5. Anoche aconteció algo angustiante. Andaba anonadado ante antenas apiladas, aullaban algunos animales, arremetía avieso aire; aturdido, atiné a anteponer arrojo. Arriba, aviones al aire, atravesaban altos algodones. Al alba, ante aquella asolada aparición, asumí amargamente abandonar, aunque ansias anteriores apoyaban abundantemente al alma. ¡Ay!, aquí antes atisbaba alegres amaneceres, atardeceres... aquí, ahora, abyecto anochecer aparece, algo apocalíptico, aterrador, aciago, anunciando abdicación, ahogo, adverso afecto. Aborrecedor acto altanero aconseja aparcar antiguos anhelos, aplazando actividades actuales, afrontando asimétrica alevosía, acopiando augusta artillería, afilando ariete adormecido. Aquella arrebatada algarabía añade ánimo ante atropello aquí acaecido, aguardando antorchas alumbrantes, alborada anunciante, antológica armonía. Ahora, astro áureo asoma al alba, ¡aleluya! aclaman alborozados aquellos anteriormente aplastados, acreedores acólitos a altísimos aconteceres, agraviados ayer, agora amados.
6. Acá van las palabras más francas para alabar a Amanda Argañaraz, alma arrastrada a la Nada tras la más malhadada batalla para alcanzar a amar al canalla más falaz; batalla parada tras larga zaranda para acabar abrazada a la Parca, arrastrada al mar. ¡Acallad las amargas palabras! ¡Paz para Amanda Argañaraz! Amanda Argañaraz amaba la campaña: largaba las frazadas a la blanda cama

al aclarar cada alba anaranjada. Lavaba la cara, bajaba a la planta baja; para halagar a la mamá, cantaba raras baladas, tras sacar para yantar las tajadas más bastas a las manzanas, a las naranjas, a las bananas, a las granadas. Calzaba blancas alpargatas; calaba bata asargada, calzas batarazas, ancha faja, alba casaca, gabán calamar, pardas gafas. Apartaba la más mansa asna a la majada, atábala, cabalgábala, lanzaba la jaca alazana para vagar tras las cabañas más apartadas. Mas la dama jamás maltrataba la asna: Amanda amaba la jaca, tan mansa, tan llana, tan flaca. Amanda andaba las planas landas: saltaba las vallas, las ramas, las plantas, hallaba a anacaradas zagalas, alzadas al alba; armaba trampas para atrapar las ratas malas; largaba las gatas atascadas tras las tablas; lanzaba las más vanas carcajadas para tapar las largas gárgaras a las ranas más charlatanas; apagaba las llamaradas alzadas a la paz astral, amparadas tras las ramadas. Amanda acampaba ya alta la mañana. Para aplacar la panza tras la larga andanza, Amanda yantaba tamañas castañas asadas, manjar asaz capaz para calmar tan gran afán. Para bajar las castañas, grapa, caña a mansalva. Amanda ganaba la casa, bajaba, largaba la jaca, llamaba a la mamá para yantar. Lavadas las chatas manazas, yantaba nalga a la tártara, patatas asadas, paltas saladas, alcaparras a la catalana, caballa a la salsa gálata, carnaza magra, ranas saltadas a la grasa, albas pastas lasañas a la Santabárbara, ananá al marsala. Tras yantar, bajaba a la playa, al canal, tras la catarata, para nadar. Daba largas brazadas, nadaba para atrás, mas jamás planchaba. Cansada, largaba; agazapada tras las matas, sacaba la malla para atarla a las ramas más bajas. Tras calar las anchas bragas, marcaba a llagar las cansadas plantas, para vagar al azar. Traspasada la barranca, daba tras la albahaca para alcanzar al alfalfar, al cardal, al garbanzal, al manzanal, al parral. Más allá, bajaba la larga barranca hasta dar al naranjal, al platanal, al rabanal, al zarzal, al calabazar. Mas Amanda amaba a Barrabás Ayala, al más canalla rapaz, zagal ganapán, alma amargada, cara achatada, ancha panza, mala fama, sagaz charlatán. Más Barrabás andaba tras Ágata Zapata, azafata naval. Ágata agradaba a Barrabás, mas amaba al cachafaz Blas Carratalá, catalán cabal, más gran malandra. Ágata Zapata halagaba a Barrabás: agasajaba al zagal para atrapar al falaz ganapán, para dañar a Amanda. Más amaba al catalán Blas. Ágata amañaba acatar las blandas palabras saltadas a la garganta al falaz Ayala, mas atajaba las afanadas llamas abrasadas al patán. Amanda capta, alarmada, la malvada amalgama. Llama a la amada hada Ada para arrancar a Barrabás a las malsanas garras, mas fracasa: la santa hada calla, pasmada. Allá va Barrabás, alma bárbara, tras la dama malhadada. Amanda Argañaraz calla, aplastada. La llaga malsana mana, amarga, la baba fatal. Ya nada la afana, ya nada la halaga, ya nada la ata: la granja, la casa, la chacra, la hartan, la dañan, la matan. Amanda baja la cara, tapa la faz tras amarga máscara. Cansada, calada, marcha, avanza hasta la mar. La mansa asna va atrás. Amanda para, rayana a la mar; lanza bravas palabras, alarga la garganta, ablanda la faz, avanza más: la avara mar ya la abraza, ya la arrastra, ya la traga. Acaba la vana batalla. Amanda ya jamás lanzará carcajadas. Ya jamás cantará baladas tan galanas a las claras mañanas, tras las altas cataratas, tras las ramadas. Ya nada pasa: la mar brava, ya calma, canta la larga, haragana, gastada balada pagana. La jaca atabacada, tan mansa, tan flaca, tan rara, tasca, cansada; agacha las ancas, cata las blancas bandadas aladas, rasca la cara, las patas, la panza... caza fantasmas.

21.2. Pronunciación en E
1. Que el bebé cese de beber leche frente a la tele, que bese el pelele, que me dé ese eje que le dejé y que se entere de lo que pensé (7 segundos).
2. Mecer y sorber, todo es menester.
Retener es la llave del tener.
Quien bien come y bien bebe, hace lo que quiere.
¿Qué es eso?, sopa de queso.
Quien se queja, sus males aleja.
El queso y el barbecho, de mayo sea hecho.

21.3. Pronunciación en I
1. Mimí y Lilí quisieron vivir en el Mississipi sin límite vil militar ni civil, sin mini bikinis ni cínicos hippies, sin bilis visibles ni tinte viril (7 segundos).
2. Maravedí a maravedí, llena mi bolsa vi.
Sin alegría, infierno el vivir sería.
No dar ni recibir, sin escribir.

21.4. Pronunciación en O
1. Coco Romero contó los potros y los toros del soto rojo; el muy tontuelo cogió los potros, tomó toros y sólo por sus lloros lo condenó (7 segundos).
2. Un sólo golpe mató a Lolo López.
Noche oscura, obtusa y sosegada, espera rociada.
Cuando no hay jamón ni lomo, de todo como.
Para el ambicioso loco, todo es poco.
Entre espinas nace la rosa, y no es espinosa sino olorosa.
Polvo eres, polvo serás y en polvo te convertirás.
El oro, con ser mejor, brilla menos que el latón.
3. Nosotros no somos como los Orozco, yo los conozco son ocho los monos: Pocho, Toto, Cholo, Tom, Moncho, Rodolfo, Otto, Pololo. Yo pongo los votos sólo por Rodolfo, los otros son locos, yo los conozco, no los soporto. ¡Stop! ¡Stop! ¡Pocho Orozco! Odontólogo ortodoxo, doctor. Como Bolocotó, oncólogo jodón. Morocho, tordo, groncho, jocoso, trosco, chocó con los montos. Colocó molotov. ¡Bonzo! ¡ Stop! ¡Stop! ¡Toto Orozco! Colocón, drogón como pocos. Tomo todos los hongos. Monologó solo como por dos otoños. Botó formol por los ojos. Tomó cloroformo, bolz, ron, porrón, torronto, tosso. Norto con Bordón, ¿lo botó o no? Dobló los codos como loco. "¡Coño, sos vos, Toto!", corroboró, ¡Socorro! ¡Como tomo! Morfó hot dog, mondongo, pollo con porotos. Lloró, lloró con dolor. Por como lloró, tomó como dos hongos, tocó fondo, torró como loco. ¡Contó todo, todo, todo! ¡Bochornoso como Cóppolo! ¡ Stop! ¡Stop! ¡Cholo Orozco! Mocoso, soplón, moroso, bocón, chorro con jogroso. Robó dos potros, por Comodoro los montó, los trotó por Bolsón, por los toldos, por Chocón. ¡Doloroso! ¡Stop! ¡Stop! ¡Tom Orozco! Proctólogo morboso, compró por los shops fotos porno color. Compró como dos tomos. (Trozo, coso, colchón roto.) Tomos con gomón. Trolos gozo-

so con condón. Pomos con moños Rococó. ¡Todos polvos cortos! Fogoso! ¡Stop! ¡Stop!. ¡Moncho Orozco! Solo probó porro. Voló con los ojos rojos por los polos. Voló por Bonn. (¡Voló por Hong Kong!) Por London soñó con Yoko Ono, lloró por John. Voló por vos, voló por nosotros. Brotó como flor, bordó. Roló Pot. Nos contó: Los tronchos son grosos como los corchos. ¡Bocho borroso! ¡Stop! ¡Stop! ¡Rodolfo Orozco! Con voz como John Scott, ronco, ronco, formó todos los coros. Tocó. Doblo con Mollo, bombo con Moro, tom tom con Pomo, joropo con Tormo, bongó con Don Johnson. Tocó con todos: Los Lobos, Los Door, Los Moscos. Compró dos Vox. Tocó "Socorro" con Paul. Nos contó con honor: ¡Toco con Bob!, ¡toco con Bob! Sopló corno, trombón. Tocó sonsonoro con Los Cocos. Rock, Pop, Folk, Pogo. Nos contó como oyó todos los: ¡Ooh! Tocó con todos (por poco no tocó con Colón) ¡Coloso! ¡Stop! ¡Stop! ¡Otto Orozco! Con otros rollos, con poco protocolo, copó todo. Como los Bohn, Tromcoso, Don Floro o Los Rococo logró otro comfort, Ojo por ojo, controló todo. Convocó por fono los otros Orozco, cortó con todos. Cobró todos los bonos, bocón. Colocó montos Grossos por Boston. Cobró dos lotos. Compró dos Ford, ocho Volvos, dos Golds. Oro, motos, toros. Compró los cortos, rodó con Connor. ¡Zorro! ¡Stop! ¡Stop! ¡Pololo Orozco! Gordo fofo con olor. Mormón, glotón con jopo. Rostro poroso, rotoso, roñoso. Como con motor roto. Solo como croto, solo como topo. Solo, como Don Bosco con poncho. ¡Choto! ¡Stop! ¡Stop! Nosotros no somos como los Orozco, yo los conozco son ocho los monos: Pocho, Toto, Cholo, Tom, Moncho, Rodolfo, Otto, Pololo. Yo pongo los votos sólo por Rodolfo, los otros son locos, yo los conozco, no los soporto. ¡Stop! ¡Stop! ¡ Stop! ¡ Stop! ¡Stop!

21.5. Pronunciación en U
1. El muy tumultuoso frufú del cucurucho de uruchurtu, un gutural zulú del sur, sucumbió ante el muy usual susurro de las burbujas de púrpura del tul del tutú de Lulú (9 segundos).
2. Del uso al abuso, hay el canto de un duro.
   Por más que el amor encubra, mal se disimula.
   El aprender es amargura, el fruto es dulzura.
   Día de ayuno, largo como ninguno.
   Las uvas, para las cubas.

21.6. Conjunción de vocales
1. El buen vino alegra los cinco sentidos, la vista, por el color; el olfato, por el olor; el gusto, por el sabor; el tacto, por lo que agrada coger el vaso y el oído, en el brindar, por el tintín de los vasos al chocar.
2. El tiroteo lo comenzó Adela, enfadada por su torpeza, con risa en la boca y lágrimas en los ojos. Me estrelló una breva en la frente. Seguimos Rociíllo y yo, y más que nunca por la boca, comimos brevas por los ojos, por la nariz, por las mangas, por la nuca, en un griterío agudo y sin tregua, que caía, con las brevas despuntadas, en las viñas frescas del amanecer. Una breva le dio a Platero, y ya fue el blanco de la locura. Como el infeliz no podía defenderse ni contestar, yo tomé su partido; y un diluvio blanco y azul cruzó el aire puro, en todas direcciones, como una metralla rápida.
   Un doble reír, caído y cansado, expresó desde el suelo el femenino rendimiento.

21.7. Pronunciación en M
1. Memo Medina mimaba melosamente al mínimo de su mamá Manuela, mientras Modesto, muchacho moreno, remontaba las mismísimas cumbres a lomo de la mula comiendo y mascando (7 segundos).
2. Miguelito Medina mandaba monedas, Manolo Morales y Melesio Moreno, mataban mosquitos y Manuela Moncada tomaba empanadas con Mary su hermana en el mezquital.
3. Matute el mamarracho mató en el matadero al matutero Mata porque Mata el matutero tomó de su mecedora la manta, por eso, por una manta mató a Mata el matutero el mamarracho Matute (12 segundos).
4. Muchos ajos en un mortero, mal los maja un majadero.

21.8. Pronunciación en N
1. La nena Nina nació normal, anunció notoriamente la nana en un instante angustioso, aunque nunca necesitara enunciar ni ponderar ansiosamente tan interesante nueva.
2. Nadie nota nunca que no necesariamente se entiende la noción de nación, aunque continuamente se tengan tendencias a enderezar endechas naturales a la nación de su nacimiento (9 segundos).

21.9. Pronunciación en L
1. Con olorosas locuciones se logró calmar las maldades locas de Lucho y Lucía, que lucían los velos y las largas colas de lóbregas telas luengas y luctuosas.
2. Ese Lolo es un lelo, le dijo la Lola a Don Lalo, pero Don Lalo le dijo a Lola: No, Lola, ese Lolo no es lelo, es un lila. ¿Es un lila, Don Lalo en vez de ser un lalo? Sí Lola, es un lila y no un lelo ese Lolo, le dijo Don Lalo a Lola (10 segundos).
3. Los labios del lelo Lolo, siempre fiel a la ley local, lucen tal cual la luz de un local singular (6 segundos).

21.10. Pronunciación en R
1. Erre que erre cigarro, erre con erre barril, rápidas corren y ruedan las rápidas ruedas del ferrocarril (5 segundos).
2. Un ruin relato retorcidamente redactado réplica rebatiendo rotundamente el retorno retrógrado del rebelde Ramiro Ramírez Ramos, ratificando la reforma revolucionaria de su rutilante rura republicana (10 segundos).
3. Recia la rajada rueda, rueda, rueda rugiendo rudamente rauda; rauda rueda rugiendo rudamente la rajada rueda. ¡Rueda rauda, recia rueda, rauda reciamente rueda! ¡Rueda recia, rauda rueda, rugiente, rajada rueda!
4. ¡Señor, qué calor, sin par, rendidor, que por dar sabor de color local, provoca un hedor de puro sudor! ¡Señor, qué calor!
5. Dos ratas, tres ratones y seis robots son los rarísimos restos rescatados recientemente.
6. En tres trastos destrozados, tres tristes tigres tragaban trigo trilado.
7. Sobre el triple trapecio de Trípoli trabajaban tres trapecistas trogloditas, tropezando atribulados con un trípode, con un triclinio y otros trastos tremebundos (10 segundos).

8. Herrando y herrando se aprende oficio, aunque mirados desde la terraza o mejor desde el tendido, todos los toros parecen ratones.
9. Mala madre me diera Dios y buena madrastra no.
10. De las frutas el pero: de los amores el primero.
11. Real ahorrado; real ganado.
12. Corríamos locos, a ver quién llegaba antes a cada higuera. Rociíllo cogió conmigo la primera hoja de una, en un sofoco de risas y palpitaciones. Toca aquí. Y me ponía mi mano, con la suya en el corazón, sobre el pecho joven que subía y bajaba como una menuda ola prisionera. Adela apenas sabía correr, gordinflona y chica, y se enfadaba desde lejos. Le arranqué a Platero unas cuantas brevas maduras y se las puse sobre el asiento de una cepa vieja, para que no se aburriera (Juan Ramón Jiménez).

21.11. Pronunciación en S
1. No cesa de sisar la zonza Zita y su soso cese Susi susurra; Susi susurra el soso cese de Zita que no cesa de sisar (6 segundos).
2. Saciando sus ansias sinceras de sustos, Susana azuzaba en el sésamo santo al sucio asesino del zurdo Zozaya.
3. En un santiamén os santiguasteis los seis. ¿Quiénes sois los seis? Los seis sois seis saineteros sucios que osáis saciar vuestra sevicia zahiriendo a quienes a su vez no osan zaheriros. ¡Eso es lo que sólo sois los seis! (9 segundos).
4. Susana sonreía satisfecha, saboreó su suerte, sentada sobre su sillón solucionó setecientos sugerentes secretos snarkianos sin sentido. Siempre soñó ser sabia. Susana será siempre snarkiana.

21.12. Pronunciación en J
1. Jamás juntes a jinetes con los jóvenes germánicos, ni generes germicidas ni congeles gelatinas, ni ajusticies a juristas en sus juntas judiciales (7 segundos).
2. Julián Jiménez Juncal, joven jacobino; Javier Juárez Jardiel, jarocho jaranero; y Juan José Jovelanos, jactancioso jesuita, jineteaban joviales. Jineteaba Juan José Jovellanos jorobado jumento, juncal jumelgo jinetaba Julián Jiménez Juncal y jarifa jaca Javier Júarez Jardiel jineteaba (12 segundos).
3. Sobre la giba gigante de la jirafa, Jimena la jacarera, la gitana jaranera, jubilosa jugueteaba gorjeando la jácara, jalando la jícama y la jáquima, juergueando la jícara; jalaba, gorjeaba, juergueaba, jáquima, jícara, jácara y jícama.
4. Dijo un jaque de Jerez con su faja y traje majo: yo al más guapo el juego atajo que soy jaque en ajedrez. Un gitano que el jaez aflojaba a un jaco cojo, cogiendo, lleno de enojo, de esquilar la tijereta, dijo al jaque: "por la jeta te la encajo si te cojo". "Nadie me moja la oreja". Dijo el jaque, y arrempuja; el gitano también puja, y uno aguija y otro ceja. En jarana tan pareja el jaco cojo se encaja, y tales coces baraja, que al empuje del zandajo, hizo entrar sin gran trabajo, al gitano y jaque en caja.

21.13. Pronunciación en B
1. Bonitas bobinas, baberos, bolillos, baratos botines, Benito vendía, besaba bebitas, babeaba valientes, botaba barquitos y bien navegaba.

2. ¡Qué boba es la beba Babieca que besa a Bartolo, invita a Basilio y baila boleros buscando a su abuelo y alaba las broncas del buen Bernabé! (6 segundos).
3. Bota sin vino, no vale por vacía ni un comino.

21.14. Pronunciación en P
1. En el peral de Pedro aparecieron pocas peras porque los perros pudieron pescarlas a pesar de las pedradas que con poca puntería les propinaba Paco (7 segundos).
2. Para poner pálidos los pulcros párpados de Pepita, póngase pasteles pútridos en pérfidos papeles impolutos. Póngase en impolutos papeles pérfidos pasteles pútridos para los párpados pulcros de Pepita palidecer permanente y propiamente (10 segundos).
3. Baveaba la Pava, papeando papeles y vaporizaban los pelos y el velo. Velaba la pava, pelaba la baba y con probables brotes de plena pobreza, la Pava papeaba babeando papeles.
4. Un podador podaba una parra, otro podador que por allí pasaba, al primer podador le preguntó: ¿Qué podas podador? Ni podo mi parra ni tu parra podo, podo la parra de mi tío Porro.
5. Guerra tenía una parra y Parra tenía una perra. Pero la perra de Parra rompió la parra de Guerra. Entonces Guerra con la porra pegó a la perra de Parra.
6. Principio principiando, principiar quiero, por ver si principiando principiar puedo.
7. Son tres los Paco Puente Pinto: Panco Puente Pinto el padre; Paco Puente Pinto el hijo y Paco Puente Pinto el nieto.
8. Paco Pérez peluquero peina pelucas por pocas pesetas y pone púas para peinetas.
9. En esta villa tres Pedro Pero Pérez Crespo había: Pedro Pero Pérez Crespo el de arriba, Pedro Pero Pérez el de abajo y Pedro Pérez Crespo Crispín que tiene una yegua y un potranquín.
10. En el monte hay un perro ético, perlético, pelambrético, peludo, pelapelambrudo. Tiene unos hijos éticos perléticos, pelambréticos, peludos, pelapelambrudos. Si el perro no fuera ético, perlético, pelambrético, peludo, pelapelambrudo, no tendría sus hijos perléticos, pelambréticos, peludos y pelapelambrudos.
11. Preciosísimas pollas, pretenciosas pavas, poderosos príncipes, pacíficos presbíteros, pendientes propietarios, prosaicos prestamistas, pobres poetas, ¿pretendéis peinaros piramidalmente poniéndoos pelo postizo para pescar pareja?....
¿Pensáis perfumaros perfectamente por preciosos procedimientos parisienses?, ¿pretendéis poneros pronto pulcras pelucas perfeccionadas primorosamente?, ¿pensáis pintaros patillas para parecer pistonudos personajes?
Pues, perínclitos parroquianos, para proporcionar peinados postizos, perfumes, pelucas, peinetas, patillas por poco precio, preguntad preferentemente por Pedro Pérez Pellicer, peluquero perfumista.
12. Permítanme presentarles preciosa Partida Pirc: Pálidas: Pedro Petrosian Prietas: Pablo Petroff. Primera parte: Primeramente peones pasan por parte principal... prosénica. Paso por paso permiten posar pencos por puntos privilegiados.

Pelean para proteger príncipes parsimoniosos. Por parte posterior, prietas piezas provocan perdidas porque pálidas piezas pretenden penetrar por puertas prohibidas. Parte principal: Pacientemente piensan planes perfectos. Protagonizan peleas pánicas. Poetas pendencieros, poseen poderes psíquicos para plantear partidas poco prudentes. Ponen poderosa pared petrificada para proteger partes peligrosas. Parece posición problema premiado. Piensan pertrechase para parar posibles peligros. Peones pasados permiten pensar prontas promociones. Parte postrera: Poderosas piezas pierden posiciones. Presentan pocas posibilidades. Prisioneras, parecen perdidas. Pobres príncipes: planeaban partir palco principal, pero parecen perseguir pírrica proeza... Pieza principesca, patriarca patricio, presenta pendones por protocolo... parece perdido... pide paz. Por pisos pulidos, personajes postrados parecen panteón precioso... Plañideras piezas píamente protegen perdida plaza. Parece presentarse pronto postrero punto. Petroff parece poder pedir partir punto. Petrosián pasa pluma prontamente por papeleta. Pactaron paz. Presenciaron partida: Presidente Partido Popular, Personajes políticos, pocos particulares, párvulos, preciosas preadolescentes, precandidatos para próxima pelea... Plaza: Pabellón Puerto Príncipe, Parque para Promocionar Pensamiento Positivo. París.
13. Primorosa Paulina: pienso pedirte próximamente; pero preveo pésimo parecer paternal, porque para pájaro poseo poca pluma, pues padezco persistente pobreza, porque pertenezco pléyade poetastros pálidos, pensativos, perezosos...

21.15. Pronunciación en D
1. ¿Dónde dejó Don Diego Domínguez los dólares que los damnificados le dieron durante la dura defensa de sus dolorosas y arduas diligencias? (6 segundos).
2. Dicen que dan doce docenas de dulces donde debieran dar diez discos dorados. Si donde debieran dar discos dorados dan dulces o donas, las dudas duplican por deones mal dados (7 segundos).
3. Después de discutir diferentes dificultades durante dos días, doce duendes de Dinamarca, deshonradamente, decidieron dividirse dos docenas de delicados diamantes de David Domínguez Duran, desfalcándolo duramente. David, después de descubrirlo, decepcionado dijo: ¡Devuélvanmelos! deberían demostrar decencia. Después de dos días decidió denunciarlos. Diez duendes desilusionados devolvieron diamantes, después dieron dinero donde debían. Después de diciembre, decepcionados de devolverlos descubrieron doscientas docenas de dólares. Desbordando de dicha, despilfarraron dinero durante doce días dignos de delicias doradas. Después dijeron: "donemos diezmo, definitivamente desahogaremos difíciles dilemas doctrinales".

21.16. Pronunciación en T
1. El teniente Tomás Trevenque intenta la toma de Tancítaro, contento de tener tantos tropiezos que atravesar y tiempo total para tentarlo, tanto que trata de tumbar los terraplenes, atajando los intentos del terrible entrampador del Tlaltocan que han tramado tantas trampas en Tancítaro (12 segundos).

2. Al traumatólogo Teclo preguntó Tito Tancredo: "¿Qué es un traumatismo Teclo?" "¿Traumatismo?... pues lo mismo que traumatosis, Tancredo"; contestó atónito al tontito Tito el traumatólogo Teclo (8 segundos).
3. Tres tristes tigres tragaban trigo en un trigal.
4. Un tigre es una fiera, dos tigres son dos fieras y tres tigres son un trabalenguas.
5. En el triple trapecio de Trípoli trabajaban trigonométricamente tres trastocados tristes triunviros trogloditas tropezando atribulados contra Tricinis y Trajano y otros tres tristes trastos triturados por el tremendo terrible trapense.
6. A tales tiempos, tales alientos.
7. Donde no hay tapa, no hay patata.

21.17. Pronunciación en F
1. Fernando Fernández Fernán, funcionario filántropo, facilitó el funcionamiento de la fábrica de filigranas de fierro, firmando un financiamiento, con finalidad de facilitar la firme fraternidad de los fabricantes (9 segundos).
2. Se fundió el famoso foco fabricando en Flandes porque falló la fuente de influencia que fabricaba el fluido y finalmente fallecieron de frío las focas feroces que fulguraban en el firmamento como si fuesen francesas (9 segundos).
3. En la feria, no hay fea sin gracia, ni guapa sin falta.
4. La fe sin obras es fe muerta.
5. No fíes ni porfíes, ni apuestes ni desafíes.
6. De refrán y afán pocos afables se librarán.
7. Con la flor fecunda viene el olor floreado y con el fruto fresado el sabor frugal.
8. Quien firma, lo escrito afirma.

21.18. Pronunciación en CH
1. Un chófer checo con chaleco se echó a chillar por el chueco chanchullo al escuchar que Lucho iba a luchar para echar chorizos y cosechar chiles chorreantes (7 segundos).
2. Marichu Morchilla, chocha, mocha y ducha por su chacha Nicha, lucha como un macho; como un macho lucha, ducha, mocha y chocha, por Nicha su chacha, Marichu Morquecho (8 segundos).
3. Chocolate frío, ¡Chicho, échalo al frío!
4. A cazuela chica y pocha cucharica.
5. A la leche chocolateada nada eches aunque estés borracho.
6. En el lecho conyugal de la casucha de las chirimías, la chacha echaba las colchas.

21.19. Pronunciación en G
1. Guillermo Gutiérrez Galindo, antiguo guerrero, entrega gallinas gordas y galanas. Son gangas, son galas que luego el fuego gotearán su grasa graznando de gozo (7 segundos).
2. Gustavo Galíndez castiga a su gato gritando grosero y el güero Garita gozoso lo engaña logrando con guasa que se alegra su amigo Gustavo Galíndez (7 segundos).

3. Estando la garza Grifa con sus cinco hijitos garzos grifos, vino el garzo grifo a engarzogrifar a la garza Grifa y le dijo ella: quita de aquí garzo grifo que bien engarzogrifada estoy con mis cinco garzos grifos.
4. Engañar al engañador, no hay cosa mejor.
5. Gallina ponedora y gallo gallardo y galante, son una ganga.

21.20. Pronunciación en K/C
1. Yo poco coco compro porque poco coco como, si más coco comiera, más coco compraría (4 segundos).
2. Catalina cantarina, Catalina encantadora: canta Catalina, canta que cuando cantas me encantas; y que tu cántico cuente un cuento que a mí me encanta. ¿Qué cántico cantarás, Catalina cantarina? Canta un canto que me encante, que me encante cuando cantes. Catalina encantadora, ¿qué cántico cantarás? (16 segundos).
3. La carne se quema, Carmen; Carmen, se quema la carne. Tú, ¿cómo comes la carne, la comes quemada o cruda?, ¿que cómo como la carne?, ¿cómo quieres que la coma? ¡Como sin quemar la carne y también cruda la como!
4. En Amecameca un mico al académico Meca, babieca, enteco y caduco, un macuco caco saca; un macuco caco saca, al académico Meca, caduco, enteco y babieca, un mico en Amecameca.
5. Cantinflas frotó con franela su frasco flamenco; con franela, Cantinflas frotó su flamenco frasco.
6. ¿Conima y Colima colindan con Lima? No. Ni Colima colinda con Lima, ni colinda con Lima Conima. ¿Pero sí colindan Conima y Colima? Tampoco Colima y Conima colindan.
7. ¡Qué cal colosal colocó el loco aquel en aquel local! ¡Qué colosal cal colocó en el local aquel, aquel loco!
8. Pablito clavó un clavito, qué clavito clavó Pablito?
9. El cielo está encapotado, ¿quién lo desencapotará? El desencapotador que lo desencapote buen desencapotador será.
10. Carlitos compró copitas, ¿cuántas copitas compró Paquito? Pocas copitas pagó Paquito.
11. La carta, corta, clara, concisa y bien datada.
12. Por cuatro cuartos sois cara bien cacareada, si no mudáis esa celestial cara.
13. Estaba la cabra cabritis, subida en la peña, peñatis; vino el lobo, lobatis, y le dijo a la cabra cabritis: cabra cabritis, baja, bajatis de la peña, peñatis. No, amigo lobatis; que si bajo bajatis, me agarras agarratis del galgarranatis. Cabra cabratis, no voy a agarrarte del galgarranatis, porque hoy es viernes, viernatis, y no se puede comer carne carnatis. Bajó la cabra cabratis, de la peña peñatis y el lobo lobatis, le agarró del galgarranatis. ¡Amigo lobatis!, ¿no decías que hoy es viernes viernatis, y no se puede comer carne carnatis? Cabra cabratis, a necesitatis, no hay pecatis.

21.21. Pronunciación en LL
1. Que vaya a caballo Bollullo Bayano con bayo Lavalle a Bayona y no vayan a bayona a caballo sin Vayo Lavalle, Bollullo Ballano.

2. ¡Vaya! En Melilla armole una bulla a Yola Moya, porque Yola Moya en Melilla robole un gallo, una malla, una llama y una yamaha. Yo voy a Melilla porque quiero ver si robole el gallo, la malla, la llama y la yamaha (9 segundos).
3. Cada gallo o pollo que llega con hambrecilla, llámalo y al gallinero.
4. No hay mejor salsilla que la hambrecilla cuando estás en Sevilla y lloras al perder tu silla.
5. Quien parte cebolla su pena llora, llueva o no llueva.
6. En la calle Callao cayó un caballo bayo al pisar una cebolla.

21.22. Pronunciación en Ñ
1. En este año, el niño Núñez engañó al ñoño Noreña con la pitaña de antaño, cuando el ñañico Coruña encañonando al rebaño, en la cañada, con saña, lo enseñaba a cortar caña (9 segundos).
2. Hubo una gran riña es España entre el que ciñe el armiño por su rapiña y su hazaña y Peñuñuri, el buen niño, que con su leño y su caña, al bañarse en el río Miño, en la mañana, sin maña, ñoñamente ciñó un guiño (10 segundos).
3. Deja el buñuelo para su dueño, salvo que sepas de mañas y comas castañas.
4. Año amañado con batatas mañagueñas, las mejores, las más pequeñas.

21.23. Uso combinado de oclusivas, sonoras, fricativas, nasales y líquidas (p, t,ch, k, b, d, y, g, f, z, s, j, m, n, ñ, r)
1. Al arzobispo de Constantinopla lo quieren desarzobispoconstantinopolizar, el desarzobispoconstantinopolizador que lo desarzobispoconstantinopolizare buen desarzobispoconstantinopolizador será (12 segundos).
2. El perro zarán güangüita, güita, güita estaba royendo un hueso y como estaba tan tieso, tieso, tieso, le daba con la patita. Zarán güita, güita, güita (6 segundos).
3. Una gallinita pinta, pipiripinta, pipirigorda, rogonativa, ciega y sorda tiene unos pollitos pintos, pipiripintos, pipirigordos, rogonativos, ciegos y sordos.
4. Lo escrito, escrito queda, y las palabras el viento se las lleva.
5. La mujer del barbero, los sábados come puchero.
6. Abrígate por febrero con dos capas y un sombrero.
7. El convidado del diablo, acude sin ser llamado.
8. De las palabras, no el sonido, sino el sentido.
9. Nada duda, quien nada sabe.
10. Abriga el pellejo, si quieres llegar a viejo.

21.24. Pronunción en Y
1. Hasta el cuarenta de mayo no te quites el sayo.
2. Cuando el malo ayuna, más bien desayuna.
3. Harto ayuna quien mal come mientras lloriquea por su yo-yó.

21.25. Conjunción de oclusivas (p, t, ch, k)
1. *"Es indispensable forzar nuestra nación a que se desahogue racionalmente y, para ello, hay que infundir nueva vida espiritual a los individuos y por ellos en la ciudad y en el Estado. Nuestra organización política hemos visto que no depende*

del exterior; no hay causa exterior que aconseje tomar esta o aquella forma de gobierno; nuestras aspiraciones de puertas afuera o son infundadas o utópicas, o realizables a tan largo plazo que no es posible distraer a causa de ellas la atención y continuar viviendo a la expectativa. La única indicación eficaz que del examen de nuestros intereses exteriores se desprende es que debemos robustecer la organización que hoy tenemos y adquirir una fuerza intelectual muy intensa, porque nuestro papel histórico nos obliga a transformar nuestra acción material en espiritual" (Ángel Ganivet).

21.26. Conjunción de nasales y laterales (m, n, ñ, l, ll)
1. *"La gente, volviendo de misa o del matinal correteo por las calles, asalta en la Puerta del Sol el tranvía del barrio de Salamanca. Llevan las señoras sencillos trajes de mañana: la blonda de la mantilla envuelve en su penumbra el brillo de las pupilas negras; arrollado a la muñeca, el rosario; en la mano enguantada, un haz de lilas o un cucurucho de dulces pendiente por una cintita del dedo meñique. Algunas van acompañadas de sus niños: ¡Ay qué niños tan elegantes, tan bonitos, tan bien tratados!".* (Emilia Pardo Bazán).

Ejercicio 22

Las jitánforas son enunciados lingüísticos formados por palabras que, en su mayor parte, son inventadas y carecen de significado. En una obra literaria, su función poética radica en sus valores fónicos. Por este motivo su lectura ayuda a mejorar nuestra dicción:

Filiflama alabe cundre
ala olalúnea alífera
alveolea jitanjáfora
liris salumba salífera.

Olivea oleo olorife
alalai cánfora sandra
milingítara girófora
ula ulalundre calandra.

Tierno glú-glú de la ele, ele espiral de glú-glú.
En glorígolo aletear: palma, clarín, ola, abril...
Tierno la-le-li-lo-lu, verde tierno, glorimar...
ukelele... balalaika...
En glorígoro aletear,
libre, suelto, saltarín,
¡ tierno glúglú de la ele!

El joven Telémaco

Suripanta, la suripanta,
maqui, truqui del somatén.
Sun fáribun, sun fáriben,
maca trunquí,
suripantén.

¿Suripén?
¡Suripanta, la suripanta,
melitonimen, ¡Son pen!

Piripatúliqui patúliqui patúliqui
sacalapántica patúliqui mulática
Peritupatúliqui patúliqui patúliqui
sacalapán sacalapún sacalapín.

Mimi sin Bikini

Insistir, ¿Crispín?... Mi visir, mi bichín, mi cid: si sin ti viví difícil chipichipi sinfín: crisis y crisis: bilis, rinitis, tisis.

—¡Fingir!, ¿fingir mis crisis?... ¿Ni tisis, ni rinitis, ni bilis? ¡Sífilis!... ¡Cistitis!... ¡Sífilis, ¡Crispin!... ¿Infringir mi civil vivir?, ¿crispir mi hipil?... Si sin ti, ni vi films. Vivi gris sin brindis ni picnic... Si inhibí mi ji ji y vi mi fin... Si, Crispín, vi mi fin.

—¡Vil! ¡Vil Crispín!... ¿Mi Flirt?, ¿dirigir mi bici sin bikini? Mil jipis, ¡mil lics y Mimi sin bikini!... ¡Incivil! Si ni dirigí mi bici.
Sin ti, viví mi crisis gris gris, sin vid ni bisbis, ni chinchin, ni lizt.

Jitánforas del alma

Sonsoniches mezclados
con merestines salían
por la albiguarda nudailal
de recalcitrantes violóvalos
plenos de pringuezorras
que esculpían soltiveques
en la noche de San Eruperancio.
Mañanas de fulgiversas
antinópatas y abelades
sin corolarias y celídacos
envueltos en filfateras
de noctanvulgos y bedollas
cuando la buhadilaga soñajea
con la prifusa y el pinsajo.

Aún quedan filtires de cobálubas
en medio de soñoques, abanibies
que son los que albuminan y repusan
los caminos destruferos y jocables
que encuerdan con retimoles y soyuces
viendo como costíbulan los albares
en una vida de sorrentes y primavolas.

El viejo ya no apalubíla ni jameba
sus sienes son trúbulos de mialgas

y sus manos escuban los rorices
de cuando era chupíba y cenébolo.
Ahora su mente dédola y delcíba
entre estelúbalas y morencias
caerá por nésticos mistuarios.

El diablo liebre, tiebre, no tiebre, sipilipitiebre, y su comitiva,
chiva, estiva, sipilipitriva, cala, empala, desala, apuñala, con su lavativa.

Ejercicio 23

Conviene recordar que iniciaremos los siguientes ejercicios realizando una respiración costo abdominal. Debemos sacar poco a poco el aire desde el abdomen, de forma continua, pero sin apurarlo en ningún momento. Es muy importante no perder el sentido del texto y pronunciar todas las palabras de manera muy clara. Evitaremos hablar con la boca semicerrada, produciendo una voz áspera, estridente y con escasa riqueza de armónicos.

1. El doctor Epimónedes Paralelipómenes, oriundo de la península grecoitálica de Calímaco, cuna del cíclope Polifemo, según el trágico vernáculo Eurípides el Olímpico, pese a su título de catedrático de otorrinolaringología, cada vez que aprehendía el bisturí en el quirófano para practicar una gastroenterostomía posterior, ocurría una catástrofe sanguínea u osteológica a causa del equívoco del diagnóstico químico-bacteriológico o del pronóstico radiológico. Su idiosincrasia escolástica y leguleya sin embargo, del tipo o prototipo psicopático con algún tripanosoma alérgico, permanecía impertérrito ante los pusilánimes epígonos que circuían al siniestrado con el ánimo.

2. Con cables de trenzado lino, como si se tratara de la oscura quilla de la nave, arrastramos la argiva estratagema que contenía la muerte en su interior, hasta depositarla en nuestro suelo que pronto enrojecería con nuestra propia sangre.

   Tras la alegría del esfuerzo, mientras caían las nocturnas sombras y la líbica flauta acompañaba a las canciones frigias, coreadas por la danza de los jóvenes, en el momento que la luna adormecía el mortecino resplandor de las hogueras y yo entonaba himnos a la hija de Zeus, estalló el súbito clamor que bajaba del Pérgamo.

   Era la guerra, parida desde el vientre del caballo.

   Los hombres sucumbían junto a los altares. Los aterrados niños se asían a las faldas de sus madres, mientras en la soledad de sus lechos, las doncellas troyanas rapaban su cabello, corona de ignominia para el guerrero invasor y canto de duelo y dolor para Troya.

   La ciudad ya no es más que un desolado campo de batalla, donde bultos informes agonizan, y entre todos Hécuba, la mujer de Príamo, señor de esta tierra, yace derrotada. Sus cansados hombros soportan el peso de su edad, la muerte de los suyos y la esclavitud de su pueblo.

3. ¿Sabrá Zebro que él sobra lo mismo si escribe Zobra o quema todas sus obras, volutas de falsos Sévres? Jamás sabía, jamás sobria. Macabra culebra ebria sobre ubres de otros orfebres ante los que se descubre, la pobre, que toda es cobre. Voluble como una cebra, sus obras sólo son sobras que enhebra sobre

otras hebras y sobre otros libros labra. ¿Y por extraño abracadabra por ese atraco ella cobra!

Ejercicio 24

Procuremos en el siguiente ejercicio realizar una correcta impostación de todos los fonemas, evitando una posición incorrecta de los órganos articuladores:

1. AILOUEFRUSGROS, BRACRATROBISISUALMICOCHA.
2. ÑAÑEQUIEMUTSMANSDIM CRESTIFOLCIHJOAGUEGIJEANTIS.
3. ASPUEWEQUIEZOSIKARPA, ÑAPUTSTRAFUEGUISROPTBAIUX.
4. UNAXITELICUENMETAFUGILISTRO,CLOISUSAMPLETOLLAL.
5. CRECOZIETUTEPORCLACLIESTO, PREVISIONADELACCION.
6. LUCOTREÑIÑOMIQUI. JIRAKLOITIALANADERIMSACALOCA.
7. CICLOPENTANOPERHIDROFENANTRENO
8. ELECTROENCEFALOGRÁFICAMENTE
9. CONTRARREVOLUCIONARIAMENTE.

Ejercicio 25

La velocidad de locución debe variar en función del énfasis o la situación emocional. Cuando se habla sistemáticamente muy deprisa, se produce un aumento concomitante de la tensión laríngea. Para reducir la velocidad debemos locutar lentamente, exagerando y alargando la duración de las vocales en las palabras.

Eeeeeeeestaaaaaaaa maaaaaaaaaaañaaaaaaaaaanaaaaaaaaa heeeeeeeeeeee viiiiiiiiiistoooooooooo aaaaaaaaaa uuuuuuuunaaaaaaaaa maaaaaaaagniiiiiiiiiiiiiiiiiiiFiiiiiiiiiicaaaaaaaaaaaaaaa peeeeeeeeersoooooooooonaaaaaaaa eeeeeeeen laaaaaaaaaaaa caaaaaaaalleeeeeeeeeeee.

once
EJERCICIOS PARA LA VOZ
MODULACIÓN. MEJORANDO NUESTRA INTERPRETACIÓN

Locutar correctamente implica una dimensión interpretativa y, para ello, es necesario desplegar todo un abanico de recursos: modulaciones de la voz, pausas, silencios, cambios de ritmo, etc. Leer bien no es únicamente hacerlo con agilidad, sino saber regular distintos ritmos de expresión según lo requiera el texto.

Para locutar adecuadamente hay que saber "re-crear" el texto, lo que lleva aparejado cierto control de la interpretación. Únicamente de esta manera el texto adquirirá otra dimisión incrementando notablemente su significado. En el caso específico del doblaje, se insiste en que se es actor antes que doblador.

Es básico sentir cada una de las palabras del texto como si fuesen propias, porque en ese preciso momento lo son, porque solo así nuestra entonación será la adecuada y tendremos la fuerza de cambiar el sentido de las palabras. No debe extrañarnos, por tanto, que algunos de los ejercicios propuestos vayan encaminados a la adquisición de herramientas interpretativas.

Tampoco olvidamos que, a diferencia del actor de teatro o cine, contamos únicamente con nuestra voz para expresar lo que en otros casos el lenguaje corporal resolvería con solvencia. El pudor no debe impedirnos desnudarnos de los hábitos prosódicos de nuestra lengua materna. A partir de esta premisa se abre un mundo fascinante en el que dejamos de ser nosotros mismos para mutar en aquello que el texto y el mensaje transmite.

La lectura expresiva depende, en gran parte y por lo tanto, de la entonación que, como hemos dejado escrito, es la modulación de la voz que acompaña a la secuencia de sonidos del habla y que puede reflejar diferencias de sentido, de intención, de emoción y de origen del hablante.

Nuestro nivel tonal debe ir acorde en todo momento con el contenido del mensaje.

En un trabajo del año 2003 sobre la locución radiofónica, la profesora Rodero nos ofrece un esquema en el que se pone de manifiesto la relación del uso de los diferentes tonos y las emociones que provocan en quienes los escuchan:

Nivel tonal	Emociones
Nivel grave. Tonemas descendentes con escasas inflexiones y ritmo poco variado	Rotundidad, tristeza, desprecio, seguridad, asco, miedo, terror, tranquilidad, aburrimiento, sobriedad, parsimonia, timidez.
Nivel agudo. Tonemas ascendentes con inflexiones variadas y ritmo rápido	Alegría, severidad, susto, gusto, dulzura, duda, alivio, euforia, admiración, placer, ansiedad, sorpresa.

Ejercicio 1

Completando la información del cuadro anterior podemos esquematizar las características que debe tener la locución en función de la intención original del texto. No podemos desdeñar, no obstante, que en la lectura expresiva, como en otros órdenes similares, no todo es blanco o negro. Lo idóneo será una lectura llena de matices. Naturalmente aquí juega un papel esencial el imaginario colectivo: un gánster nunca hablará igual que un oficinista. Antes de abordar un texto, es buena práctica dedicar un tiempo a su preparación, respondiéndonos algunas preguntas que nos orienten: intención original del texto, tipo de personalidad, textura necesaria, qué queremos transmitir, asociar un color, una acción, etc.

Naturalmente, en este tipo de ejercicios un actor, por su formación dramática, cobra ventaja frente a un locutor.

"En la Gran Vía, junto al resplandor helado de los ventanales de la Telefónica, se apartó un poco de mí para comprar tabaco en un puesto callejero. Cuando lo vi volver, alto y oscilante, las manos hundidas en los bolsillos de su gran abrigo abierto y con las solapas levantadas, entendí que había en él esa intensa sugestión de carácter que tienen siempre los portadores de una historia, como los portadores de un revólver. Pero no estoy haciendo una vana comparación literaria: él tenía una historia y guardaba un revólver. Uno de aquellos días compré un disco de Billy Swann en el que tocaba Biralbo. He dicho que soy más bien impermeable a la música. Pero en aquellas canciones había algo que me importaba mucho y que yo casi llegaba a apresar cada vez que las oía, y se me escapaba siempre. He leído un libro –lo encontré en el hotel de Biralbo, entre sus papeles y sus fotografías– donde se dice que Billy Swann fue uno de los mayores trompetistas de este siglo. En aquel disco parecía que fuera el único, que nunca hubiera tocado nadie más una trompeta en el mundo, que estaba solo con su voz y su música en medio de un desierto o de una ciudad abandonada.

De vez en cuando, en un par de canciones, se escuchaba su voz, y era la voz de un aparecido o de un muerto. Tras él sonaba muy sigilosamente el piano de Biralbo, G. Dolphin en las explicaciones de la funda. Dos de las canciones eran suyas, nombres de lugares que me parecieron al mismo tiempo nombres de mujeres: Burma, Lisboa.

Me acordé de aquella canción suya, Lisboa: cuando la oía yo lo imaginaba a él exactamente así, tendido en la habitación de un hotel, fumando muy despacio en la penumbra translúcida. Le pregunté si por fin había estado en Lisboa. Se echo a reír; dobló la almohada bajo su cabeza". (Antonio Muñoz Molina, *El invierno en Lisboa*).

Características	Off en primera persona
Tono	Tesituras basas en consonancia con el texto
Emociones / C. melódicas	Cuadrar intenciones con el texto, inflexiones variadas
Timbre	Con personalidad: rasgado
Velocidad	Ritmo poco variado y lento en general
Color	Negro, azul oscuro, marrón, etc.

Ejercicio 2

Exploramos nuestra capacidad de mutar de tonalidad a través de sonidos graves y agudos, para ello proponemos varios ejercicios:

1. Cantamos una canción únicamente utilizado el fonema "L". Posteriormente con "R" y "RR".
2. Cantamos ahora variando la intensidad y empleando únicamente los fonemas "Ma", "Ta", "Sa".
3. Supongamos que imitamos el sonido del motor de una motocicleta. Empleando el fonema "R" aceleramos y desaceleramos como si estuviésemos en una carrera.

No debemos descuidar en ningún momento la respiración.

Ejercicio 3

Insistimos en que leer en voz alta un texto siempre es un magnífico ejercicio. Si elegimos verso en vez de prosa, reforzamos los ritmos y cadencias de locución.

Comenzamos haciéndolo inicialmente con voz natural, posteriormente con toda intensidad y finalmente quedo:

"¿Qué pasa? ¿No os gusta mi nariz?
¿Os parece un poco grande?
Eso es muy corto, joven; yo os abono
que podríais variar bastante el tono".
Por ejemplo, agresivo: "Si en mi cara
tuviese tal nariz, me la amputara".
Amistoso: "¿Al beber, se baña en vuestro vaso
o un embudo usáis al caso?".

Descriptivo: *"¿Es un cabo? ¿Una escollera?*
Más, ¿qué digo? ¡Si es cordillera!".
Curioso: *"¿De qué os sirve ese accesorio?*
¿De alacena, de caja, o de escritorio?".
Burlón: *"¿Tanto a los pájaros amáis,*
que en vuestro rostro una rama gorda les dejáis?".
Brutal: *"¿Podéis fumar sin que el vecino*
grite ¡Fuego en la chimenea!".
Fino: *"Para capas y sombreros*
esa percha muy útil ha de seros".
Solícito: *"Compradle una sombrilla,*
el sol ardiente su color mancilla".
Previsor: *"Tu nariz es un exceso;*
buscad a la cabeza contrapeso".
Dramático: *"Evitad riñas y enojos:*
si os llegara a sangrar os daría un Mar Rojo".
Enfático: *"¡Oh, nariz!... ¿Qué vendaval*
te podría resfriar? Sólo el mistral".
Respetuoso: *"Señor, bésoos la mano:*
digna es vuestra nariz de un soberano".
Ingenuo: *"¿De qué hazaña o qué portento*
en memoria de qué se alzó este monumento?".
Lisonjero: *"Nariz como la vuestra*
es para un perfumista linda muestra".
Lírico: *"¿Es una concha? ¿Sois tritón?"*
Rústico: *"¿Eso es una nariz o es un melón?".*
Militar: *"Si a un castillo se acomete,*
aprontad la nariz, ¡terrible ariete!".
Y finalmente práctico: *"¡Ponedla en lotería;*
el premio gordo esa nariz daría!".
(Edmond Rostand, *Cyrano de Bergerac*)

Ejercicio 4

Buscamos distintas listas de palabras (colores, días de la semana, números...). Para este ejemplo utilizaremos los meses del año: enero, febrero, marzo, abril, mayo, junio, julio, agosto, septiembre, octubre, noviembre, diciembre.

Se trata de locutarlas variando a cada intento la intensidad, la intención, la fuerza, la velocidad, etc.

En la segunda parte del ejercicio, teñiremos cada una de las palabras de emociones. Advirtamos por ejemplo, que enero no suena igual cuando estamos abatidos, que románticos o indignados.

Ejercicio 5

Expresamos palabras y sus antónimas cargadas de intención:

Tranquilo-nervioso. Activo-perezoso.

Seguro-dubitativo.
Flexible-rígido.
Tacaño-desprendido.
Dulce-salado.
Rendir-resistir.
Ingenuo-sagaz.
Ordinario-sobresaliente.
Cielo-infierno.

Agradable-desagradable.
Feliz-triste.
Difícil-fácil.
Luz-oscuridad.
Refinado-vulgar.
Simple-complejo.
Tonto-inteligente.
Amor-desamor.

Ejercicio 6

Siguiendo estas consignas, locutamos el texto:

—En tono grave.
—En tono agudo.
—Alternando grave/agudo.
—Alternando alto (chillando)/bajo (susurro)
—De grito al susurro.
—Del susurro al grito.
—Silabeando.
—Acelerando.
—Desacelerando.
—Hemos corrido una carrera.
—Como niños pequeños.
—Como ancianos.

—Como pasotas.
—Riéndonos.
—Llorando.
—Muertos de miedo.
—Vendedores ambulante
—Tímidamente.
—Con brusquedad.
—Enamorados.
—Con acento francés.
—Seseando.
—Ceceando.
—Como cuentacuentos.

"Mi perro, blanco, pequeño, de piel fina y casi sin pelo, era, estoy seguro, el peor perro que jamás ha existido. Pero yo lo quería a pesar de que, con sus extravagancias, me daba muchos quebraderos de cabeza.

Por ejemplo: cuando empezaba a oscurecer, quería que lo encerrara en el balcón de mi dormitorio. Primero meneaba el rabo como si fuera una hélice, después me lamía los zapatos y, acto seguido, echaba a correr por todo el piso como un loco, hasta que acababa subiéndose por las paredes. ¡Qué manía tan tonta la de querer pasar la noche encerrado en el balcón! Pero, como se ponía tan cargante, ¿qué iba a hacer yo?

En verano podía encontrarse a gusto encerrado fuera. En primavera y en otoño, todavía, pero, en invierno, la verdad, me daba lástima dejarlo allí.

Yo sufría. Pasar toda la noche a la intemperie no puede ser bueno para nadie, tanto si se es perro como si no. Un día probé a encerrarlo en una jaula, dentro del piso. ¡Nunca lo hubiera hecho! Aquella noche fue de órdago. Un alboroto terrible me despertó de pronto: al pie de mi cama, hecha cisco, estaba la jaula.

Sin saber cómo, de un salto invisible, mi perro me había arrebatado las sábanas, la colcha y, con las patas, me hurgaba las orejas, la nariz, la barbilla. Su lengua me pringaba la cara, me llenaba de saliva los cabellos. Mi pijama quedó convertido en un montón de andrajos y yo, completamente desnudo, recibía lametazos y mordiscos por todas partes. ¡El trabajo que me costó dominarlo! Después de bregar un buen rato a base de carreras, arañazos y patadas, cuando toda la habitación era una nube de borra del colchón y de plumas de la almohada, conseguí, al fin, reducirlo. Y lo encerré en el balcón.

Otra de sus obsesiones era lamer todo lo que se ponía al alcance de su hocico. No sé qué satisfacción podía encontrar lamiendo muebles, paredes, ropas, personas, animales o vegetales; pero el caso es que lo hacía glotonamente. Por culpa de tan estúpida costumbre, la lengua le creció desproporcionadamente y siempre iba con la boca medio abierta y la lengua colgando". (Miquel Obiols, *Perro ladrando a la luna*).

Ejercicio 7

Locutamos el siguiente texto como si se tratara de un discurso o una clase magistral. En una segunda fase lo "interpretamos" como se haría en una conversación familiar. En una tercera y última se locuta de manera convencional:

"De joven hice amistad con un compañero de trabajo que los domingos se ponía triste a media mañana y seguía así hasta que se metía en la cama por la noche. A veces comíamos juntos en un restaurante barato cercano a la oficina, y él siempre se empeñaba en hablar de esa tendencia suya a la tristeza dominical, no tanto porque esperaba de mí una explicación satisfactoria como por buscarla dentro de sí.

Yo creo que no estoy dotado para llenar las horas. Por eso, después del desayuno, cuando veo todo el día por delante, me entra una angustia insoportable. No quiero ni decirle lo que siento en vacaciones como las de Semana Santa, que parecen un domingo largo.

Hablaba de las horas como gigantescos recipientes que tuviera que rellenar a punta de pala. Al rato de escucharle, te lo imaginabas metiendo cosas dentro de las horas con el esfuerzo con el que se carga un camión de basuras. Cada hora era un camión. En el servicio militar tuve que hacerle una mudanza al sargento de mi compañía y fue horrible llenar el vehículo que había tomado prestado al ejército con sus mesas camillas y canesús, además de los de su esposa. Así que podía entenderle.

Y lo peor es que cuando las horas pasan tampoco siento un alivio especial, porque las lleno de cosas sin importancia. Al final del domingo, si miro hacia atrás, veo todo ese tiempo que no he sabido ocupar como Dios manda y me dan unos remordimientos de conciencia que me matan. No tengo solución. Por mí, me instalaría en un lunes laborable permanente.

Nunca le dije que a mí me ocurría algo parecido, porque en esa época estaba muy mal visto tener afecto al lunes. Ahora puedo decirlo sin miedo a la censura: el lunes es como una madre. Te recibe con los brazos abiertos, sin reprocharte nada, con cada minuto lleno de sí mismo. Sólo tiene un problema: que se acaba en dirección al martes, donde se inicia de nuevo la pendiente hacia el domingo.

En la semana, como en el tobogán, el momento más excitante es cuando estás arriba, a punto de dejarte caer. Adiós, Semana Santa. Bienvenida, semana de usar y tirar" (J. J. Millás, EL PAÍS).

Ejercicio 8

Es muy recomendable practicar la lectura de un texto forzando la interpretación. Lloramos en primer lugar y reímos a carcajadas a continuación. No se trata de leer normalmente una frase, detenerse y reír o llorar, sino expresarse riendo o llorando. Utilizar los registros agudos y graves para expresar diversas emociones, tanto de forma separada como combinada.

Ejercicio 9

Cuando el texto locutado cuenta con la carga emocional adecuada, la dicción correcta y los ritmos necesarios, aún cuando no tenga sentido, su locución es correcta. El siguiente ejercicio propone la lectura de textos sin sentido o elaborados con palabras inventadas. Nos debe sonar con naturalidad, como si cada una de las frases tuviese sentido.

"*Apenas él le amalaba el noema, a ella se le agolpaba el clémiso y caían en hidromurias, en salvajes ambonios, en sustalos exasperantes.*

Cada vez que él procuraba relamar las incopelusas, se enredaba en un grimado quejumbroso y tenía que envulsionarse de cara al nóvalo, sintiendo cómo poco a poco las arnillas se espejunaban, se iban apeltronando, reduplimiendo, hasta quedar tendido como el trimalciato de ergomanina al que se le han dejado caer unas fílulas de cariaconcia. Y sin embargo era apenas el principio, porque en un momento dado ella se tordulaba los hurgalios, consintiendo en que él aproximara suavemente sus orfelunios.

Apenas se entreplumaban, algo como un ulucordio los encrestoriaba, los extrayuxtaba y paramovía, de pronto era el clinón, la esterfurosa convulcante de las mátricas, la jadehollante embocapluvia del orgumio, los esproemios del merpaso en una sobrehumítica agopausa. ¡Evohé! ¡Evohé! Volposados en la cresta del murelio, se sentían balpamar, perlinos y márulos. Temblaba el troc, se vencían las marioplumas, y todo se resolviraba en un profundo pínice, en niolamas de argutendidas gasas, en carinias casi crueles que los ordopenaban hasta el límite de las gunfias". (Julio Cortazar, *Rayuela*).

"*Queridos compañeros: la realización de las premisas del programa nos obliga a un exhaustivo análisis financiero y administrativo existente. Por otra parte, y dados los condicionamientos actuales la complejidad de los estudios de los dirigentes, cumplen un rol esencial en la formación de las directivas de desarrollo para el futuro.*

Asimismo, el aumento constante, en cantidad y en extensión, de nuestra actividad exige la precisión y la determinación del sistema de participación general. Sin embargo no hemos de olvidar que la estructura actual de la organización ayuda a la preparación y a la realización de las actitudes de los miembros hacia sus deberes ineludibles. De igual manera, el nuevo modelo de actividad de la organización, garantiza la participación de un grupo importante en la formación de las nuevas proposiciones.

No es indispensable argumentar la significación de estos problemas, nuestra actividad de información y propaganda facilita la creación del sistema de formación de cuadros que se correspondan con las necesidades. Las experiencias ricas y diversas muestran que el reforzamiento y desarrollo de las estructuras obstaculizan la apreciación de la importancia.

El afán de organización, pero sobre todo, la consulta con los numerosos militantes ofrece un ensayo interesante de verificación del modelo de desarrollo. Es obvio señalar que la superación de experiencias periclitadas permite en todo caso explicitar las razones fundamentales de toda una casuística de amplio espectro". (Helmut Sy Corvo, *Manual del discurso perpetuo*).

"*Llegaba ya el hervín. Blendes, casquines*
huldaban y jarcían en el gardo.
Calíganos estaban los cibines
y venían al verdal con paso tardo.
¡Hijo mío, cuidado! ¡El Dragobán!
¡Esas fauces y garras espantosas!
¡El pájaron Yubyub! ¡Oído! ¡Van

por el bosque las negras mariposas!".
 (María Menet)

*"Ahora que los ladros perran,
ahora que los cantos gallan,
ahora que, albando la toca,
las altas suenas campanan,
y que los rebuznos burran,
y que los gorjeos pájaran,
y que los silbos serenan,
y que los gruños marranan,
y que la aurora rosa reluce".*
 (Jesús Marchamalo, *La tienda de palabras*).

*"Velmá, nora tilvó, noscamor leca
Fos madele se gáspel ganco cía
de prasla xelvetá regal betía
Mor ásluacan xirgós colpí delbeca.*

*Banó del coprapá ventamireca
Vintila mastrilmó liacón quosnía.
Faján madén isla malagustía
Ibérder espemer loa rey ben neca.*

*Usquem vo vel mnorám noscamor cado
Tercan velí, zamasterán geldido,
Moltó terán, bano vol ma goldado".*
 (Gonzalo Torrente Ballester)

Ejercicio 10
Puesto que la puntuación en un texto nos señala el camino de la entonación, practiquemos:

Tienes que hacerlo bien.
¿Tienes que hacerlo? ¡Bien!
¿Tienes que hacerlo bien?

He comido el pastel. ¡Bien!
¿He comido el pastel bien?
He comido. ¿El pastel? Bien.

Ha jugado mi equipo. ¡Fatal!
¿Ha jugado mi equipo fatal?
Ha jugado. ¿Mi equipo? Fatal

La casa de mi amiga Eva está encantada.
¿La casa de mi amiga?, ¿Eva? ¡Está encantada!
¿La casa de mi amiga Eva está encantada?
¡La casa de mi amiga Eva está encantada!

Señor: muerto está. Tarde hemos llegado.

Señor muerto: esta tarde hemos llegado.
Señor muerto esta tarde: ¡Hemos llegado!
Señor... ¡Muerto está! Tarde hemos llegado.

¿Me quiere decir por qué
en tamaño y en esencia
hay esa gran diferencia
entre buque y buqué?
¿Por el acento? Pues yo,
por esa insignificancia,
no concibo la distancia
de presidio a presidió,
ni de tomas a Tomás,
ni de topo al que topó,
de un paleto a un paletó,
ni de colas a Colás.

Después de todo, todo ha sido nada,
a pesar de que un día lo fue todo.
Después de nada, o después de todo,
supe que todo no era más que nada.
Grito: ¡Todo!, y el eco dice : ¡Nada!
Grito: ¡Nada! Y el eco dice: ¡Todo!
Ahora sé que la nada lo era todo,
y todo era ceniza de la nada.
No queda nada de lo que fue nada.
(Era ilusión lo que creía todo
y que, en definitiva, era la nada).
Que más da que la nada fuera nada
si más que nada será, después de todo,
después de tanto todo para nada.

Qué profesional.
¡Qué profesional! (Destacamos su calidad).
¡Qué profesional! (Criticamos la mala calidad).
¡Qué profesional...! (Frase burlona).
¿Qué profesional? (A qué profesional se refiere).
¿Qué... profesional? (Doble pregunta que expresa duda).
¿Qué?... ¡profesional! (Pregunta y afirmación admirativa), etc.

Ejercicio 11

Sigamos por esta línea. Un único locutor practica la lectura dramatizada de cuentos y diálogos entre personajes dando vida a cada uno de ellos:

"En un oasis escondido entre los más lejanos paisajes del desierto, se encontraba el viejo Eliahu de rodillas, a un costado de algunas palmeras datileras. Su vecino Hakim, el acaudalado mercader, se detuvo en el oasis a abrevar sus camellos y vio a Eliahu transpirando, mientras parecía cavar en la arena.

—¿Que tal anciano? La paz sea contigo.
—Contigo —contestó Eliahu sin dejar su tarea.
—¿Qué haces aquí, con esta temperatura, y esa pala en las manos?
—Siembro —contestó el viejo.
—¿Qué siembras aquí, Eliahu?
—Dátiles —respondió Eliahu mientras señalaba a su alrededor el palmar.
—¿¡Dátiles!? —repitió el recién llegado, y cerró los ojos como quien escucha la mayor estupidez.
—El calor te ha dañado el cerebro, querido amigo. Ven, deja esa tarea y vamos a la tienda a beber una copa de licor.
—No, debo terminar la siembra. Luego si quieres, beberemos…
—Dime, amigo: ¿cuántos años tienes?
—No sé… sesenta, setenta, ochenta, no sé… lo he olvidado… pero eso, ¿qué importa?
—Mira, amigo, los datileros tardan más de cincuenta años en crecer y recién después de ser palmeras adultas están en condiciones de dar frutos.
Yo no estoy deseándote el mal y lo sabes, ojala vivas hasta los ciento un años, pero tú sabes que difícilmente puedas llegar a cosechar algo de lo que hoy siembras. Deja eso y ven conmigo.
—Mira, Hakim, yo comí los dátiles que otro sembró, otro que tampoco soñó con probar esos dátiles. Yo siembro hoy, para que otros puedan comer mañana los dátiles que hoy planto… y aunque solo fuera en honor de aquel desconocido, vale la pena terminar mi tarea.
—Me has dado una gran lección, Eliahu, déjame que te pague con una bolsa de monedas esta enseñanza que hoy me diste —y diciendo esto, Hakim le puso en la mano al viejo una bolsa de cuero.
—Te agradezco tus monedas, amigo. Ya ves, a veces pasa esto: tú me pronosticabas que no llegaría a cosechar lo que sembrara. Parecía cierto y sin embargo, mira, todavía no termino de sembrar y ya coseché una bolsa de monedas y la gratitud de un amigo.
—Tu sabiduría me asombra, anciano. Esta es la segunda gran lección que me das hoy y es quizás más importante que la primera. Déjame pues que pague también esta lección con otra bolsa de monedas.
—Y a veces pasa esto —siguió el anciano y extendió la mano mirando las dos bolsas de monedas—: sembré para no cosechar y antes de terminar de sembrar ya coseché no solo una, sino dos veces.
—Ya basta, viejo, no sigas hablando. Si sigues enseñándome cosas tengo miedo de que no me alcance toda mi fortuna para pagarte". (Jorge Bucay).

Ejercicio 12

Encontrar la veracidad de la locución desde la acción. Se trata de buscar verbos vinculados a la acción que nos propone el texto para reforzar, de este modo, las distintas intenciones, conseguir ritmos, tesituras y volúmenes. Tras una primera lectura mental subrayamos las palabras o expresiones que consideramos clave. En una segunda lectura, buscamos verbos e imágenes que asociamos a las palabras señaladas. Ahora locutamos el texto evocando la acción que nos apuntan los verbos para conseguir el recorrido emocional que necesitamos:

"Yo… no me <u>acuerdo</u> de ti (confundir, montón de papeles desordenados) ni de mi padre. Sería más fácil si pudiera <u>recordar</u> algo (determinación, soldado firme): un olor, una imagen, vuestra voz (calidez, voces cercanas en la radio)... ahora podría hablar contigo... no sé... de otra manera. Pero no recuerdo nada (frustración). En el orfanato me dijeron que me habíais abandonado (rigidez). Había muchos casos como el mío y siempre nos decían eso. Se han ido, os han abandonado (desmontar), qué hijos de puta (rabia, rencor, impotencia).

Me pasé toda la infancia avergonzado (hundir), con rabia, preguntándome por qué mis padres no habían querido (comprender) quedarse conmigo". (Gracia Morales, *NN 12*).

Ejercicio 13

Vamos a producir sonidos onomatopéyicos y todos aquellos que en general realizan algunos animales. Pensemos por un momento cómo nos comunicaríamos si fuésemos una avispa, o una oveja, qué voz tendría un pájaro o una vaca. El ejercicio será más beneficioso cuanto más libres de complejos estemos. Debemos dejar volar nuestra imaginación, que el cuerpo responda a los estímulos y la voz lo acompañe.

Ejercicio 14

Trabajamos la intensidad. En el siguiente texto diferenciamos 5 niveles. Se trata de locutar cada uno de ellos. Es importante, para que nuestra garganta no sufra y evitar riesgos, colocar la voz perfectamente y haber realizado los preceptivos ejercicios de calentamiento.

1. Nivel 1: volumen muy bajo, reflexivo y tono grave.
2. Nivel 2: con más énfasis, aunque seguimos manteniendo las características principales del primer nivel.
3. Nivel 3: elevamos el volumen y empezamos a mostrar cierto enojo.
4. Nivel 4: el malestar se hace patente y la intensidad aumenta.
5. Nivel 5: estamos tremendamente enfadados. No hay contención para lo que sentimos.

Nivel 1

"Es cierto que su gesto me molestó, pero al final todo ha quedado en agua de borrajas. Si en el fondo es muy buena persona aunque algunas veces se comporte así. Total, todos nos equivocamos a veces. Aunque es cierto que él se equivoca más que el resto. Aún así, está perdonado".

Nivel 2

"Hombre, que te engañen no es plato de buen gusto para nadie, pero cada uno es como es. De todas formas un poco más de atención sería de agradecer. Evitaría muchos problemas y sobre todo nos habríamos ahorrado un disgusto".

Nivel 3

"¡Tiene narices la cosa! Lo que no puede hacer es comprometerse a algo y que luego no cumpla. Hay que tener la cara muy dura. Ahora mismo no puedo verlo, es que me pone enfermo. Y él mientras ahí está, con su sonrisa como si no hubiese pasado nada. ¡Vaya tela!"

Nivel 4

"Y mira que esta mañana me dije a mi mismo que no me iba a enfadar. Pero no puedo con la hipocresía. A mí me calienta la cabeza hablando mal de ella y cuando la ve, que si es muy buena, que si es muy guapa, que todo lo hace bien. Es que es tonto, tonto de remate".

Nivel 5

"¡Pero cómo se puede ser tan descerebrado! ¡Vamos! ¡Es que hay que ser malnacido! ¡El muy imbécil! Y yo mientras engañado todo este tiempo, compadeciéndome incluso de esa rata inmunda. Más le vale que no me lo encuentre. Ese se va a acordar. El que la hace la paga".

doce
EJERCICIOS DE LECTURA ANTICIPADA Y VISIÓN PERIFÉRICA PARA TELEVISIÓN Y DOBLAJE

Además de entrenar la musculatura facial, necesitamos contar con una visión periférica adecuada para aumentar la velocidad lectora. Cuando leemos, nuestros ojos no se deslizan uniformemente por los renglones, sino que lo hacen a saltos abarcando varias palabras a la vez y, en ocasiones, una frase entera.

Ejercicio 1

Para ampliar el campo visual se practican dos sencillos ejercicios; la lectura fragmentada y la de textos con forma piramidal:

*"Mi perro, blanco, pequeño,   de piel fina y casi
sin pelo, era, estoy seguro,   el peor perro que
jamás ha existido. Pero yo lo   quería a pesar de que, con
sus   extravagancias, me daba muchos
quebraderos de cabeza.
Por ejemplo: cuando   empezaba a
oscurecer, quería que lo encerrara en   el balcón de mi
dormitorio. Primero meneaba   el rabo como si
fuera una hélice, después me   lamía los zapatos y, acto
seguido, echaba   a correr por todo el piso como un loco,
hasta   que acababa subiéndose por
                              las paredes.¡Qué manía tan tonta
                          la de querer pasar la noche encerrado
                en el balcón! Pero, como se ponía tan cargante, ¿qué
iba a hacer yo?
En verano podía encontrarse   a gusto encerrado*

fuera. En primavera
invierno, la verdad,
Yo sufría. Pasar toda la
intemperie
se es perro
encerrarlo en una jaula,
¡Nunca lo hubiera hecho!
órdago. Un alboroto
pronto: al pie de mi

y en otoño, todavía, pero, en
me daba lástima dejarlo allí.
noche a la
no puede ser bueno para nadie, tanto si
como si no. Un día probé a
dentro del piso.
Aquella noche fue de
terrible me desperté de
cama, hecha cisco, estaba la jaula".

(Miquel Obiols, *Perro ladrando a la luna*).

"De
Joven hice
amistad con un
compañero de trabajo
que los domingos se ponía
triste a media mañana y seguía asi
hasta que se metía en la cama por
la noche. A veces comíamos juntos en
un
restaurante barato cercano a la oficina, y él
siempre se empeñaba en hablar de esa tendencia
suya a la tristeza dominical, no tanto porque esperaba
de mi una explicación satisfactoria como por buscarla dentro de
si.
Yo creo que no estoy dotado para llenar las horas. Por eso, después del
desayuno, cuando veo todo el día por delante, me entra una angustia insoportable.
No quiero ni decirte lo que siento en vacaciones como las de Semana Santa,
que parecen un domingo largo. Hablaba de las horas como gigantescos
recipientes que tuviera que rellenar a punta de pala. Al rato de
escucharle, te lo imaginabas metiendo cosas
dentro
de las horas con el esfuerzo con el que
se carga un camión de basuras.
Cada hora era un camión.
En el servicio militar
tuve que hacerle
una mudanza
al sargento
de mi compañía y
fue horrible llenar el vehículo
que había tomado prestado al ejército
con sus mesas camillas y canesús, además de los de su esposa.
Así que podía entenderle".

(J. J. Millás, *El País*)

*"Y el dueño se achicó, si es que podía hacerlo todavía, y
fue el hombre increiblemente encogido, pulgarcito
o meñique, el genio de la botella al revés, y
se fue haciendo más y más chico,
pequeño, pequeñito, chiquitico
hasta que se desapareció por
un agujero de ratones al
fondo-fondo-fondo,
un hoyo que
empezaba
con
o"*

(Guillermo Cabrera Infante, *Caligramas*)

Ejercicio 2.

La lectura anticipada es una extraordinaria técnica utilizada en la oratoria, el doblaje y la televisión. En el caso de esta última, la ausencia de teleprompter obliga al presentador a dominarla frente a la cámara.

Debemos tener la capacidad de anticipar la lectura mental de una parte del texto que estamos locutando, al mismo tiempo que oralmente leemos la parte ya asimilada. Por ejemplo, imaginemos que abordamos la siguiente noticia: *"El Gobierno se plantea eliminar algunos de los ministerios actuales ante la imposibilidad de afrontar el pago (...)"*.

Mientras estamos pronunciando *"El Gobierno se plantea eliminar..."*, leeremos mentalmente lo que viene *"algunos de los ministerios actuales ante la imposibilidad de afrontar el pago (...)"*.

Aunque es una técnica que inicialmente puede crearnos ciertas dificultades, su práctica asidua nos reportará magníficos resultados.

En los siguientes textos, que locutamos con normalidad, dejamos de mirar el papel en las partes remarcadas con letra negrita.

*"**Yo estaba ayer en Tandil, cuando**, al atardecer, el pueblo entero se conmovió al rumor de que la piedra **que dio fama y espíritu a la ciudad** pampeana, habíase, de pronto, derrumbado falda abajo del solio de misterio donde **por tanto tiempo la admiraron**. **El estupor de las grandes** catástrofes colectivas, un estupor incrédulo y fatal, cundió en el alma de la muchedumbre emocionada. **Voló de labio en labio** la insólita noticia: deteníanse los transeúntes para comunicarla; **avisábanla desde sus puertas** los vecinos; llevábanla con presteza, invisibles agentes, **hasta el suburbio de las quintas lejanas**.*

*...**Y es que la piedra** movediza era para el Tandil como su lido para Venecia, **como su torre** para Pisa, **como su golfo** para Nápoles, **como su vega** para Granada, **como sus almenas** para Ávila, **como su cerro** para Montevideo, **como su bahía** para Río, **como su colina** para Montmartre, **como su floresta** para Tucumán. Era, quizá, más que todo ello ante la conciencia de aquel vecindario, pues entre los rasgos de la naturaleza que dan fisonomía a las ciudades, **la piedra caída ayer, no era un espectáculo** sino un misterio, no era un panorama sino una presencia. **Como tal lo sentían en su corazón** todos los seres que hoy deploran su inexplicable derrumbamiento: **como un misterio desvanecido en la sombra**, como una presencia que ya no volveremos a contemplar jamás.*

"**Cuando llegué hasta la sierra**, llevado por el deseo de comprobar los rumores que circulaban en la ciudad, era ya casi de noche. **Una agitada muchedumbre hormigueaba al pie del monte**, se diseminaba por las cercanías, negreaba sobre la cumbre, subía y bajaba por la escarpada senda. **Oíanse las mismas apasionadas parlerías** que un momento antes por las azoteas y calles del pueblo: conjeturas, noticias, lamentaciones, denuestos". (Ricardo Rojas, *La piedra muerta*).

"**Pienso que lo que hemos llamado o lo que estamos llamando** en estos terribles días que nos tocó vivir, y a muchos morir, **eso que hemos llamado opinión pública**, quizá necesite otras palabras y que esas palabras pueden ser voluntad de cambio, es decir, lo que se está llamando opinión pública mundial deberá **quizá tener ese otro nombre: voluntad de cambio. La opinión no es más que** eso, una opinión, que se manifiesta, que se expresa, que es algo, pero que quizá no sea todo lo que necesitamos; **necesitamos lo que quizá ya está claro que tenemos**: voluntad y ahora buscar los caminos, las formas que puedan llevar a un cambio en el que **la vida de la humanidad empiece a ser finalmente humana**. Conocemos esto que hemos sido a lo largo de la historia de que hemos sido lobos, lobos que se matan entre ellos ofendiendo incluso a la conciencia lupina, **porque los lobos se respetan los unos a los otros y los seres humanos no saben cómo hacerlo**. Vivimos, viven ellos, una guerra, **la que ya hemos llamado injusta, a la que estamos llamando ilegal** y que claro está hay que llamar desproporcionada, y nosotros, vosotros, lo que estamos haciendo, **lo que estáis haciendo es exactamente buscar el modo de cambiar la suerte del ser humano**". (José Saramago, *Democracia y universidad*).

trece
SEÑALÉTICA
TRABAJAR UN TEXTO

Para facilitarnos la labor de enfrentamos a un texto con solvencia, además de leerlo inicialmente, comprenderlo y asimilar su mensaje, es de gran ayuda trabajar sus curvas de entonación, pausas e inflexiones en repetidas ocasiones y en diferentes estilos hasta encontrar el óptimo. Para asumir los matices de nuestra locución de manera más sencilla es recomendable el uso de un sistema de comunicación visual sintetizado. Emplear signos nos simplifica el camino.

En el caso particular del doblaje, el propio ajustador incluye en el guión una serie de signos destinados al actor y al técnico de sonido.

Puesto que se trata de subrayar las partes del texto en las que nos interesa una intención específica, extender el uso de esta señalética a tantos textos como trabajemos se nos antoja un requisito imprescindible. No se trata tanto de "ensuciar" el texto, como de reforzar aquellas partes que requieran mayor atención, ya sea por su importancia o el grado de dificultad. Puede que no exista un signo específico para una intención concreta, por lo que sugerimos, sin reparo alguno, que lo inventemos. Puesto que este código es de consumo propio, no debemos desdeñar la posibilidad de ampliar nuestra señalética en función de nuestras necesidades.

Los signos más utilizados por los ajustadores en el guión de una obra audiovisual son los siguientes:

- / Pausa en el discurso del personaje. Algunos autores apuntan que no debe sobrepasar los cinco segundos de duración.
- // Nos señala una pausa más larga en el discurso de un personaje. Su duración oscila entre los cinco y los quince segundos.

- … Pausa que indica duda.
- **(G)** Señala que el personaje realiza un gesto sonoro. Puede ser un gruñido, un estornudo, una respiración audible o cualquier otro sonido.
- **(R)** Algunos ajustadores lo utilizan para señalar que el personaje ríe, aunque en ciertas ocasiones se identifica con una mayor velocidad de locución del texto.
- **(CP)** Esta marca, exclusiva de las obras audiovisuales, puede aparecer al comienzo, en la mitad o en el final de una frase e indica que se va a producir un cambio de plano.
- **(OFF)** El diálogo no se encuentra en el plano de la imagen y por tanto no se ve el personaje.
- **(ON)** Todo lo contrario. El personaje se encuentra dentro de plano.
- **(A)** Una de las licencias del doblaje. Nos indica que debemos comenzar a hablar antes que nuestro personaje de origen. Se aprovechan entonces pequeñas respiraciones para ajustar adecuadamente un frase demasiada larga.
- **(DE)** El personaje que habla y que está en pantalla habla de espaldas.
- **(LLORA)** El personaje llora.
- **(TAP)** El personaje tiene algo que le tapa la boca, como una máscara o un casco.
- **(S)** Siempre que la boca lo permita, indica que en la versión original hay una pausa que no interesa hacer en la lengua de llegada.
- **(SS)** Nos señala que el personaje mueve la boca pero no se oye nada. Se trata de un gesto sin sonido.
- **(P)** Indica que la intervención de un personaje pisa la de otro.
- **(ATT)** El personaje habla a través del teléfono.
- **(ATR)** El personaje habla a través de la radio.
- **(ATTV)** El personaje habla a través de la televisión.
- **(REVER)** Hay que añadir un efecto de reverberación.
- (↓) Tonema de cadencia.
- (↑) Tonema de anticadencia.
- (→) Tonema en suspensión.

catorce
DESAPARECIÓ EL MICRÓFONO: VOZ PROYECTADA

Una vez que hemos producido la voz necesitamos hacerla llegar con fuerza y claridad al receptor. Debemos proyectarla de tal manera que el interlocutor la perciba en todo momento con nitidez; circunstancia sencilla cuando emisor y receptor se encuentran a unos cuantos palmos de distancia, pero compleja si se hallan separados por varios metros como ocurre en un escenario o auditorio.

Los medios audiovisuales han resuelto esta circunstancia con el uso del micrófono. De sensibilidad extrema, es capaz de transmitir hasta la última inflexión de voz, por lo que no se hace necesario proyectar. Un simple susurro puede convertirse en un sonido atronador. En este sentido, la electrónica y la informática permiten multitud de posibilidades con los registros de audio.

Sin embargo, en ocasiones, los actores de teatro, los cantantes o los oradores, únicamente se valen de su técnica para alcanzar con solvencia el oído del espectador más remoto.

El prestigioso foniatra François Le Huche, identifica la voz proyectada con un comportamiento vocal mediante el cual un sujeto se propone actuar sobre otro, siendo el interlocutor o el auditorio el primer objetivo de sus preocupaciones.

No se trata de identificar voz proyectada con voz fuerte o gritada, sino de que la voz llegue con la intensidad y el tono que requiramos hasta su receptor.

El comportamiento de la voz implica una clara intencionalidad mental de actuar e incidir eficazmente sobre otras personas. Para conseguir nuestro objetivo deben darse una serie de condiciones:

- La mirada hacia el interlocutor con el objeto de manifestar la intención de incidir sobre él, y para recibir una retroalimentación que le permita captar señales de interés, duda, cansancio, etc., y poder readaptar su discurso.

- La verticalidad o enderezamiento corporal que predispone a una proyección de la voz eficaz.
- La activación del apoyo abdominal para permitir al sujeto que utilice la acción reguladora del diafragma.

Ejercicio 1

Nos situamos en el centro de una sala. Debemos estar relajados, con los pies bien anclados al suelo y la cabeza como si estuviese suspendida de un hilo imaginario que prende justo de su centro. Dirigimos la mirada hacia un ángulo de la sala, imaginando que proyectamos un haz de luz capaz de atravesarlo. Vamos recorriendo paulatinamente cada esquina de la habitación. Visualizamos que la voz corre paralela al haz de luz, para ello emitimos los sonidos "i" o "u". Nuestra voz es tan veloz y tiene tanta fuerza como nuestra mirada. Lanzamos los sonidos como si fuesen auténticos proyectiles.

Ejercicio 2

Pensemos ahora en un mensaje persuasivo, por ejemplo: *"Necesito que me prestes atención para poder contarte algo que me ha ocurrido"*. Intentemos transmitirlo con la mente y con la mirada, pero sin producir sonido alguno. Podemos ayudarnos con los brazos y las manos pensando que el sonido sale de la punta de nuestros dedos, pero nunca con la voz.

Ejercicio 3

Para realizar el ejercicio que proponemos es necesario un grupo numeroso de personas. Dos de ellas se sitúan enfrentadas en los extremos más opuestos de una habitación amplia y el resto se colocan en un lugar equidistante entre ambas. Como si se tratara de un autentico "muro de ruido", el grupo producirá múltiples sonidos que traten de impedir la conversación de las personas ubicadas en los extremos de la sala. Ellas deben comunicarse manteniendo siempre la visión directa, sin chillar y lanzando su voz con la fuerza necesaria como para llegar de un extremo a otro de la habitación.

Ejercicio 4

Vamos a imaginarnos que tenemos agarrada una pelota en nuestra mano derecha. Hacemos girar el brazo mediante grandes círculos, primero lentamente y después aumentando la velocidad, lanzamos con toda nuestra fuerza la pelota imaginaria que acompañamos con el sonido de cualquier palabra. El sonido ahora es un proyectil que debemos seguir con la mirada. Probamos el ejercicio con ambos brazos.

Ejercicio 5

Para realizar la siguiente propuesta debemos estar en parejas. Nos colocamos de pie uno detrás del otro. La persona que va adelante comienza a andar y lanzar frases mientras su compañero, desde atrás y asiéndolo por los hombros, le impide que avance. La persona encargada de retener al compañero dejará que vaya avanzando al ritmo de las palabras.

Ejercicio 6

Seguimos en parejas, en esta ocasión uno frente a otro y a una distancia aproximada de un metro.

Sin dejar de mirarnos a los ojos empleamos una frase de mando que le diremos a nuestra pareja, por ejemplo: *"Ven aquí, no quiero que vayas a ningún sitio"*. Debemos decirla con la intensidad necesaria para que nuestra pareja la escuche a la distancia a la que se encuentre. Una vez nos ha confirmado que el sonido ha llegado con nitidez, se aleja de nosotros un paso y volvemos a lanzarle la frase, ahora con más intensidad que en la primera ocasión. Al tiempo que nos confirma que escucha la frase perfectamente se va alejando de nosotros. No se trata de "chillar", sino de proyectar nuestro mensaje manteniendo siempre la visión directa con nuestra pareja.

Ejercicio 7

Jugamos con las palabras como si fuesen pelotas de goma que rebotan contra la pared y el suelo y vuelven a nosotros. Al tiempo que lanzamos una palabra seguimos con la mirada su trayectoria imaginaria. Pensemos que son sonidos elásticos que no dejan de rebotar una y otra vez modificando constantemente su trayectoria.

quince
MEJORANDO NUESTRA MEMORIA. RETENTIVA, MEMORIA AUDITIVA Y VISUAL

Aún cuando no es empresa específica de este manual el planteamiento de ejercicios para estimular la memoria, no somos ajenos al amplio beneficio que reporta una retentiva saneada.

En el doblaje se hace imprescindible, por cuanto únicamente así se puede interpretar con credibilidad, encontrando la ansiada sincronía. En televisión no son pocas las ocasiones en las que estamos obligados a memorizar el guión, circunstancia igualmente usual cuando se practica radionovela.

Justificamos así que, de manera somera, dediquemos un breve capítulo de este manual a conocer los resortes de la memoria. Nuestra pretensión pasa por descubrir las distintas disciplinas que consideramos útiles en el aprendizaje de la locución. La memoria auditiva, la visual o icónica y la de corto plazo, nos acabarán reportando grandes satisfacciones.

La memoria humana no es precisamente una entidad simple y unitaria; más bien, como asevera el profesor Alan Baddeley, es una colección de sistemas interactivos que tienen en común la tarea de almacenar, y posteriormente recuperar, información. En términos generales nuestra memoria se divide en tres sistemas principales que interactúan entre sí, cada uno de los cuales puede ser dividido, a su vez, en otros subsistemas.

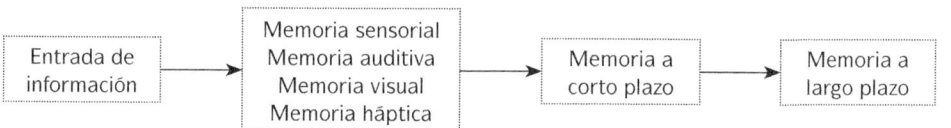

Fuente: El flujo de información a través del sistema de memoria (Atkinson y Shiffrin)

A continuación describimos las características de algunos tipos de memoria:
- Memoria a corto plazo: está formada por un conjunto de sistemas de almacenamiento temporal de una información esencial durante un corto periodo de tiempo y que posteriormente carece de importancia. Es la más útil para la práctica del doblaje. En un breve espacio de tiempo somos capaces de retener en la memoria unas líneas de texto, esenciales a la hora de conseguir sincronía con los movimientos labiales del personaje doblado.
- Memoria auditiva: la información auditiva subsiste más tiempo en la memoria sensorial que la información visual. Este hecho, a juicio de investigadores como Baddeley, explica por qué las últimas palabras de una serie se retienen mejor cuando se escuchan que cuando se leen. La memoria sensorial auditiva no está limitada únicamente a los sonidos del habla. Somos capaces de almacenar una cadena de sonidos suficientemente larga como para detectar la repetición de un determinado rasgo, de ahí la importancia de leer nuestro texto en voz alta en varias ocasiones.

  Necesitamos recordar con precisión tonos, timbres, inflexiones, etc.
- Memoria visual o icónica: tiene al menos dos componentes diferenciados. Uno de ellos parece depender de la retina del ojo y se ve influido, principalmente, por el brillo del estímulo presentado. El segundo, que se ubica en un punto del cerebro después de coordinar la información recibida por los ojos, es mucho más sensible al patrón de forma que al brillo, y representa la actuación de un sistema implicado en el reconocimiento de la forma. Cuando se acomete una traducción en sincronía o cualquier doblaje, necesitamos recordar el mayor número de detalles posible de una secuencia; debemos adquirir puntos de referencia visuales que nos ayuden a anclar correctamente el off a la imagen.

  Para el locutor debe ser práctica habitual retener mentalmente determinados gestos de personajes, movimientos de cámara, puntos de referencia etc.

Ejercicio 1

Los especialistas en el estudio de la memoria, como hemos aseverado con anterioridad, han llegado a la conclusión de que al repetir en voz alta un texto, se retiene mejor que si simplemente se dice para uno mismo. La razón de ello es que al oírlo se registra en un almacén de memoria auditiva breve. Antes de afrontar la locución de cualquier texto es muy recomendable leerlo en voz alta varias veces. Algunos especialistas aseguran incluso que contamos con "una memoria muscular de la articulación", lo que nos facilita una dicción correcta y automática.

Ejercicio 2

Cualquier momento es bueno para poner en funcionamiento el cerebro. Un sencillo juego de entrenamiento de la memoria visual es abrir una revista por una página cualquiera, observarla con atención y seguidamente cerrarla. Luego debemos intentar recordar todos los detalles: los personajes que hemos visto, los anuncios, los colores, etc.

Ejercicio 3

Este juego ayuda a desarrollar la memoria porque requiere retener información para hallar las respuestas correctas.

Debemos memorizar el siguiente código y utilizarlo posteriormente para responder las preguntas que aparecen a continuación.

1 = A , 2 = B , 3 = C , 4 = D , 5 = E, etc.

Ahora empleando la memoria resolvemos estos mensajes:

8, 17, 12, 1
1, 4, 9, 17, 21
7, 23, 1, 18, 17
12, 17, 3, 23, 22,1, 20
Estudiamos este mensaje cifrado durante el tiempo que necesitemos.

TIBLFTQFBSF

Utilizamos la capacidad de visualización para descifrar el mensaje reemplazando cada letra por la anterior en el alfabeto. Por ejemplo, la R es en realidad una Q, la L una K y así sucesivamente.

Ejercicio 4

Estudiamos esta tabla durante el tiempo necesario, memorizando la información de cada casilla. Luego tapamos la tabla y respondemos a las seis preguntas que desafían nuestra memoria.

Uruguay	Rusia
Polonia	Egipto

1. ¿Dónde está el país que contiene la letra US?
2. ¿Qué país está debajo de Uruguay?
3. ¿Qué país está debajo de Rusia?
4. ¿Qué país hay en la casilla opuesta en diagonal a Egipto?
5. ¿Cuál es el único país africano de la tabla?
6. Empezando por la casilla, avancemos en el sentido contrario a las agujas del reloj para formar el nombre de un nuevo país con las iniciales de cada palabra.

Ejercicio 5

Cuanto mayor sea el número de palabras que debemos memorizar, mayor dificultad tendrá el ejercicio.

1. Patricia	2. Alberto	3. Roberto	4. Ismael	5. Sara
6. María	7. Nuria	8. Óscar	9. Victoria	10. Juan
11. Susana	12. Ignacio	13. Eva	14. Manuel	15. Pablo
16. Amalia	17. Belén	18. Rodrigo	19. Elena	20. Gabriel
21. Ana	22. Tomás	23. Andrés	24. Guillermo	25. Beatriz

1. ¿Qué ciudad se forma con las iniciales de las palabras de la primera fila?
2. ¿En qué casilla está la pareja de Adán?
3. Hay un palíndromo, ¿cuál es?
4. ¿Qué arcángel hay en la última columna?
5. ¿Qué mes se forma con las iniciales de las casillas sombreadas?

Ejercicio 6

Para cerrar este capítulo reseñamos algunas estrategias empleadas para recordar:

1. Mnemotécnica: su propósito consiste en conectar el nuevo material que ha de ser aprendido con información ya memorizada.
2. Encadenamiento: cada artículo de una lista se halla ligado con el siguiente a través de una asociación visual.
3. Loci: viene del latín "locus" que significa "lugar". Se escogen localizaciones de casa, por ejemplo, y se colocan los temas a recordar en ella (en la mesa, el sofá, la cocina...). Para recordar hay que dar un paseo imaginario por la casa.
4. Palabra clave: se aprende una lista de palabras que darán como resultado otra lista que, por asociación, sea más fácil de memorizar.
5. Agrupamiento: se agrupan fragmentos aislados para que la memoria a corto plazo retenga mejor. Si por ejemplo se quieren recordar 6 dígitos (9, 1, 5, 9, 2, 5) es más fácil hacerlo de dos en dos (91, 59, 25).

BIBLIOGRAFÍA

Acero Villán, P. y Gomis Cañete, M. J. (2008). *Tratamiento de la voz. Manual Práctico*. Ediciones CEPE.
Ávila, A. (2005). *El doblaje*. Ediciones Cátedra.
Baddeley, A. (1990). *Su memoria: cómo conocerla y dominarla*. Ediciones Debate.
Ballesteros Paniza, M. (2008). *La enseñanza de la entonación en el aula de ELE, paso a paso*. Barcelona: Publicaciones Universidad de Barcelona.
Bustos Sánchez, I. (2009). *La voz. La técnica y la expresión*. Ediciones Paidotribo.
Cantero, F. J. (2002). *Teoría y análisis de la entonación*. Barcelona: Ediciones Universidad de Barcelona.
Cañas Torregrosa, J. (2007). *Taller de expresión oral*. Ediciones Octaedro.
De Mena González, A. (1996). *Educación de la voz. Principios fundamentales de ortofonía*. Málaga: Ediciones Aljibe.
Del Águila, M. E. y Rodero Antón, E. (2005). *El proceso de doblaje take a take*. Salamanca: Publicaciones Universidad Pontificia.
Dotú, J. (1999). *El actor de doblaje*. JD Ediciones.
Fonseca, A. (2007). *Para mantenerse en forma. Juegos de mente. Memoria*. RBA coleccionables.
Larrañaga Zubizarreta, J. (2008). *Redacción y locución de la información audiovisual. Escribir noticias para la radio y la televisión*. Universidad del País Vasco.
Martínez Costa, P. (2001). *Reinventar la radio*. Pamplona: Ediciones Eunate.
Marchamalo, J. (1999). *La tienda de palabras*. Ediciones Siruela.
Quilis, A (1993). *Tratado de fonética y fonología españolas*. Madrid: Gredos.
Rodero Antón, E. (2001). *Los principales errores que deben evitar todo locutor de informativos radiofónicos: un estudio práctico*.
Rodero Antón, E. (2003). *Locución radiofónica*. Salamanca: IORTV y Universidad Pontificia.